青少年

足球

学练技巧一点通

邓　毅◎著

吉林出版集团股份有限公司

全国百佳图书出版单位

图书在版编目（CIP）数据

青少年足球学练技巧一点通 / 邓毅著 . –– 长春：
吉林出版集团股份有限公司 , 2022.12
ISBN 978-7-5731-2255-1

Ⅰ . ①青… Ⅱ . ①邓… Ⅲ . ①青少年－足球运动－运
动训练 Ⅳ . ① G843.2

中国版本图书馆 CIP 数据核字（2022）第 170096 号

青少年足球学练技巧一点通

QINGSHAONIAN ZUQIU XUE LIAN JIQIAO YIDIANTONG

著　　者：邓　毅
责任编辑：李　强
装帧设计：仙　境
出　　版：吉林出版集团股份有限公司
发　　行：吉林出版集团青少年书刊发行有限公司
地　　址：吉林省长春市福祉大路 5788 号
邮政编码：130118
电　　话：0431-81629808
印　　刷：北京亚吉飞数码科技有限公司
版　　次：2022 年 12 月第 1 版
印　　次：2022 年 12 月第 1 次印刷
开　　本：710mm×1000mm　1/16
印　　张：14
字　　数：155 千字
书　　号：ISBN 978-7-5731-2255-1
定　　价：48.00 元

如发现印装质量问题，影响阅读，请与印刷厂联系调换。电话：010-82540188

前　言

PREFACE

　　奔跑在绿茵场上，做一个追风的足球少年，不仅能够强身健体、健心益智、磨炼意志，还能强化团队协作与竞争的意识和能力，参与足球学练运动能让青少年受益颇多。

　　在足球场上恣意奔跑，实现人、球的快速转换；与队友默契配合，上演漂亮的传球配合；巧妙运球过人，直逼对方球门……如果你也想收获这些令人热血沸腾的运动体验，不妨通过本书走进足球世界的大门。

　　阅读本书，认识世界第一运动——足球。跟随本书，探寻足球运动的起源与发展，认识魅力十足的足球运动赛事与球星，了解三人制足球、五人制足球、沙滩足球等的运动特点；掌握足球场地、规则、装备等足球运动基本知识；科学进行足球运动素质训练，为参与足球运动奠定良好的体能、心理素质基础；学练足球技术，在绿茵场上畅快奔跑，学会准确运球并轻松掌握踢球、接球、射门等足球运动技术动作与守门员技巧；学练足球战术，了解场上位置与足球阵型，建立足球战术意识，能与同伴积极配合完成各种攻防战术；树立安全意识，科学、有效、安全地参与足球运动。

　　本书结构完整、内容丰富、图文并茂，是青少年学练足球的好导师与好帮手。本书特别设置"各抒己见""指点迷津""温故知新"三个栏目，为青少年展示更生动多彩的足球知识与足球世界，指导青少年在足球学练中更轻松地强健身心，提高运动技能。

　　认识足球、理解足球、学练足球，收获健康的身心，收获掌声与喝彩，也收获战胜困难与奋力拼搏后的更好的自己。愿你不断追逐与超越，做一个自由洒脱的足球少年！

邓　毅

2022 年 8 月

目 录

CONTENTS

第一章　世界第一运动：足球 / 001

古老的中国足球——蹴鞠 / 003

现代足球的起源与发展 / 006

精彩足球赛事 / 012

足坛明星 / 018

多样化的足球运动：三人制足球、五人制足球、沙滩足球 / 022

第二章　知己知彼：足球运动知识 / 031

认识足球场地 / 033

掌握足球运动规则 / 040

挑选球衣与球鞋 / 048

了解自己的足球运动水平 / 054

第三章　厚积薄发：足球素质训练 / 061

足球体能训练 / 063

足球心理训练 / 076

丰富多彩的足球游戏 / 085

第四章　场上风采：足球技术学练 / 093

增强球感：颠球 / 095

释放激情：踢球 / 104

有效接应：运球与传接球 / 111

勇往直前：抢截球 / 124

时空优势：头顶球 / 129

百步穿杨：射门 / 132

一夫当关：守门员技术 / 134

第五章　实力比拼：足球战术学练 / 139

场上位置 / 141

足球阵型 / 147

进攻战术 / 157

防守战术 / 170

定位球战术 / 174

第六章　运动安全：守护追风少年 / 181

场地安全 / 183

运动前的热身 / 186

运动疲劳及恢复 / 193

足球运动常见伤病处理 / 200

参考文献 / 208

第一章

世界第一运动：足球

绿茵场上，青少年们为争抢最佳位置和控球权，奋力奔跑，挥汗如雨。

　　先是一个漂亮的传接球，紧接着是毫不犹豫的射门，进了！得分！这是多么激动人心的一幕啊。

　　青少年长期科学参与足球运动不仅能强身健体，更能健心益智，培养青少年的团队精神，因此，足球运动是非常适合青少年参与的一项球类运动。

　　去足球场上努力奔跑吧，做一个追风少年，去书写属于你的青春风采。

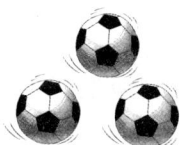

古老的中国足球——蹴鞠

各抒己见

你或者你的家人、同学会定期观看足球比赛吗？每四年一届的世界杯足球赛是不是总能燃爆你的整个夏天，让你热血沸腾？

古老的足球运动在全世界范围内有无数的球迷，其中一定也包括热爱足球的你！你知道足球与中国有着怎样的渊源吗？接下来一起来认识足球，探寻古老的中国足球。

探寻蹴鞠的起源

蹴鞠，是中国古代的一种踢球游戏，"蹴"是用脚踢的意思，"鞠"是用毛皮制成的球。蹴鞠所用的"鞠"，最早可以追溯到古时候人们游戏所用的石球，这种石球大约在十万年前就出现了。

相传，蹴鞠最早是黄帝创造的，明《太平清话》记载："踏鞠始于轩后"。当时，将士们用皮子包裹毛发做成球，进行踢球训练，用来提高战斗力。

《史记·扁鹊仓公列传》中记载了这样一件事：我国西汉时期，有一人叫项处，他非常迷恋蹴鞠，生病之后医生建议他不要剧烈运动，可是他仍然要坚持外出蹴鞠，后来病症加重，最终不治身亡。项处是最早有史可查的"球迷"，在他的故事中，"蹴鞠"一词首次出现，此后蹴鞠在很多文献典籍、游戏活动中都曾被提到。

⚽ 蹴鞠运动的发展

两汉三国时期，蹴鞠发展迅速，不仅有蹴鞠游戏、表演性蹴鞠，还有在专门的鞠场举办的蹴鞠比赛。

唐宋时期，男女老少都非常喜欢蹴鞠，贵族们有专门的蹴鞠场，百姓则在街头练习，有男子蹴鞠、女子蹴鞠，还有男女对踢，踢法也是多种多样，可以说，这一时期，蹴鞠已经发展成为一项"全民运动"了。

金代和元代时期，蹴鞠非常普遍，人们不仅喜欢蹴鞠，还将蹴鞠的情景装饰在各种器物上，如在背面雕刻男女对踢蹴鞠场景的铜镜，刻有蹴鞠纹的枕头等。

金代蹴鞠枕

　　明代蹴鞠主要在民间流行，到了清代，蹴鞠和滑冰结合起来，演变为"冰上蹴鞠"，是当时一种比较流行的娱乐性运动。

　　清后期，西方现代足球传入我国，逐渐取代了传统的蹴鞠活动。

　　2006年5月20日，蹴鞠被列入我国第一批国家级非物质文化遗产名录，作为一项源远流长、具有民族特色的体育运动，蹴鞠值得被保护和传承，青少年应该对我国蹴鞠的起源和发展概况有所了解。

现代足球的起源与发展

各抒己见

> 你是在什么时候开始关注和接触足球运动的？你还记得第一次观看或参加足球比赛时的激动心情吗？你是否愿意加入这项充满激情的运动中来呢？
>
> 现代足球的出现给人类的生活增添了许多色彩，极大地丰富了人们的体育运动内容。你知道现代足球是从哪个国家走向全世界的吗？当前我国的足球处于怎样的一个水平呢？

现代足球的起源

关于现代足球运动的起源，目前还存在不少争议，并且曾出现了很多起源说，如战争起源说、游戏起源说等。

中世纪（公元 5 世纪后期到公元 15 世纪中期）时，英国便有了用脚踢球来取乐的游戏，11 世纪的英国街头，经常有踢足球的人，当时参与人数多、没有运动规则，很多人一拥而上去抢一个球，经常出现球被踢进他人院子、砸坏窗户、扰乱沿街店铺经营活动的情况，为了制止这种情况，英国国王下令禁止在街头踢球，禁令的颁布丝毫没有影响人们踢球的热情，喜爱足球的人开始选择在一些空地上踢球，也便有了后来的足球场。

⚽ 从英国走向全世界的现代足球

★ 现代足球运动的正式诞生

随着英国参与足球游戏的人越来越多，人们开始商量创建一个组织来规范足球运动。1863 年 10 月 26 日，英国伦敦建立了世界上第一个足球协会——英格兰足球协会。英格兰足球协会的成立标志着现代足球运动的正式诞生，这意味着足球运动的发展进入一个全新的阶段。

★ 世界足球运动的发展历程

英格兰足球协会的成立，使得世界足球开始朝着有组织、有秩序、有远大目标的方向发展。

此后，欧洲不少国家先后成立了各自的足球协会。为了使足球运

动得到更好的发展，一些人倡导建立一个国际性的足球组织。几经波折后，1904年5月21日，英国、法国、荷兰、比利时、西班牙、瑞典、瑞士七个国家在巴黎成立了国际足球协会（简称"国际足联"），这是历史上第一个正式的国际性足球组织，它的成立标志着足球以一项世界性的体育运动项目的身份正式成为世界体坛大家庭的一员。

⚽ 现代足球在中国

★ 我国现代足球的发展

中国现代足球的发展主要经历了以下四个发展时期。

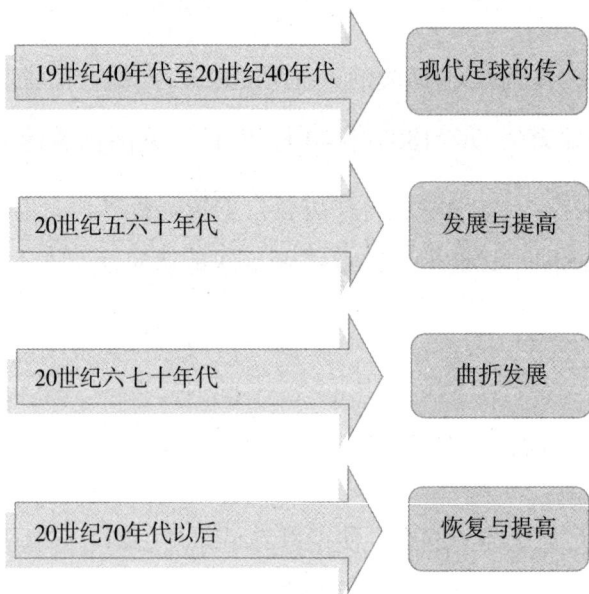

19世纪40年代至20世纪40年代	现代足球的传入
20世纪五六十年代	发展与提高
20世纪六七十年代	曲折发展
20世纪70年代以后	恢复与提高

中国足球发展的历程

中国足球的发展历程深受中国历史发展进程的影响，虽然经历过不少磨难，但始终都在奋力前行。

2002 年，中国足球首次冲进了世界杯决赛，这是令无数中国球迷兴奋的历史时刻，中国足球实现了对自我的超越。

当前，和世界足球强国相比，我国足球运动水平不高，但随着一代代足球运动员和热爱足球运动的少年们的不断努力，相信在不久的未来，中国足球一定会有大的进步。

★ 校园足球

足球运动是青少年非常喜爱的一种球类运动，为鼓励青少年参与足球，现在很多学校都开设了足球校本课、特色足球课，这些课程为喜爱足球的青少年们提供了参与足球运动、学练足球的机会。

校园足球的开展意义重大，主要表现在以下几个方面。

第一，青少年积极参与校园足球运动，可以让身体变得更加强壮，进而增强身体的抵抗力。

第二，青少年的学业繁重，容易产生较大的心理压力。校园足球就是一种能有效舒缓学习压力的运动方式。参与和享受足球运动的过程中，青少年的所有烦恼和负担都会烟消云散，有助于青少年舒缓学习压力，劳逸结合，并以更好的状态面对学习和生活。

第三，校园足球的开展不仅满足了青少年在学校参与足球运动的愿望，也发掘和培养了一些青少年足球运动人才。每一位中国人都梦想着中国足球可以进入世界杯，有能力举办世界杯，甚至有一天能获得世界杯的冠军。这需要每一位热爱足球的青少年为之共同不懈努力，未来的某一天，一定会实现这些足球梦想。

欢呼庆祝的足球少年

自信满满的足球少年

指点迷津

足球世界杯的由来

国际足联成立后，有长达 20 年的时间都没有举办过任何国际性的足球比赛。根据奥委会章程的规定，职业足球运动员不能参加奥运会的足球比赛。国际足联意识到，应该成立一个独立于奥运会的国际足球赛事。于是，世界杯足球赛应运而生。

1930 年 7 月，国际足联第 1 届世界锦标赛（后更名为"世界杯赛"）在乌拉圭的首都蒙德维的亚成功举行，此后这项赛事成为让每一个球迷为之激动和兴奋的赛事。

精彩足球赛事

各抒己见

你喜欢看足球比赛吗？当看到你支持的球队不小心失球时，你会不会感到十分惋惜？你能否体会到球员成功射门时的喜悦心情？

自现代足球诞生以来，就有很多组织纷纷举行一些盛大的足球比赛。目前，你最了解的足球赛事是什么？你能大致说出某个赛事的开展方式吗？接下来一起认识几个值得你关注的足球赛事。

足球世界杯

足球世界杯是由国际足球联合会统一组织的世界性比赛，其全称是"国际足球联合会世界杯赛"，世界杯每隔4年举办1次，任何国际

足联会员国都有资格派代表队报名参加世界杯。

截至 2021 年 12 月，全世界共举办了 21 届世界杯（表 1-1），在世界杯的历届比赛中，获得荣誉最多的国家是巴西。巴西共获得过 5 次世界杯冠军。

表 1-1 世界杯历届回顾

届次	举办年份	夺冠国家/球队
第 1 届	1930 年	乌拉圭
第 2 届	1934 年	意大利
第 3 届	1938 年	意大利
第 4 届	1950 年	乌拉圭
第 5 届	1954 年	联邦德国队
第 6 届	1958 年	巴西
第 7 届	1962 年	巴西
第 8 届	1966 年	英格兰队
第 9 届	1970 年	巴西
第 10 届	1974 年	联邦德国队
第 11 届	1978 年	阿根廷
第 12 届	1982 年	意大利
第 13 届	1986 年	阿根廷
第 14 届	1990 年	联邦德国队
第 15 届	1994 年	巴西
第 16 届	1998 年	法国
第 17 届	2002 年	巴西
第 18 届	2006 年	意大利

续表

届次	举办年份	夺冠国家 / 球队
第 19 届	2010 年	西班牙
第 20 届	2014 年	德国
第 21 届	2018 年	法国

指点迷津

足球世界杯的赛制

通常，一届世界杯是分两个赛程进行的，前半部分为预选赛，后半部分为决赛。

足球世界杯的预选赛其实就是一个初步的选拔，在欧洲、南美洲、亚洲、非洲、北美洲及大洋洲六个赛区开展。每一个报名参加世界杯的国际足联会员国代表队都必须在本区参加预选赛，根据自身的表现争取进入决赛的资格。

目前，足球世界杯的决赛球队名额是 32 个，东道国可以直接获得决赛名额。

参加足球世界杯决赛的 32 支球队会通过抽签分成 8 组，每组 4 支球队。每组的前两名（即 16 强）获得参加复赛的资格。在复赛中，被选拔出来的 16 支球队还要按照比赛规则确定新的赛程，完成单场淘汰赛。经过几轮对决，最终决出冠军。

⚽ 欧锦赛

欧洲足球锦标赛简称"欧锦赛"或"欧洲杯"，是由欧洲足联成员国参加的最高级别的国家级足球赛事，每 4 年会举行 1 次（表 1-2）。

表 1-2　欧锦赛历届回顾

届次	年份	夺冠国家 / 球队
第 1 届	1960 年	苏联队
第 2 届	1964 年	西班牙
第 3 届	1968 年	意大利
第 4 届	1972 年	联邦德国队
第 5 届	1976 年	捷克斯洛伐克
第 6 届	1980 年	联邦德国队
第 7 届	1984 年	法国
第 8 届	1988 年	荷兰
第 9 届	1992 年	丹麦
第 10 届	1996 年	德国
第 11 届	2000 年	法国
第 12 届	2004 年	希腊
第 13 届	2008 年	西班牙
第 14 届	2012 年	西班牙
第 15 届	2016 年	葡萄牙
第 16 届	2020 年（推迟到 2021 年）	意大利

⚽ 奥运会足球赛

　　奥运会的全称为"奥林匹克运动会"，它是由国际奥林匹克委员会主办的、世界上规模最大的综合性运动会，每隔 4 年举办 1 次。

　　早在 1912 年，足球就被列为奥运会的正式比赛项目。由于奥运会足球赛对参赛球员的限制较多，因此奥运会足球赛并没有像足球世界杯那样备受关注。但是，仍然有很多优秀足球运动员、足球运动队在历届奥运会足球赛上留下过精彩的瞬间，为人们献上精彩的足球盛宴。

2008 年北京奥运会主体育场——国家体育场（鸟巢）

⚽ 中超联赛

中国足球超级联赛，简称中超联赛或中超，是中国最高水平的足球职业联赛，也是备受中国球迷关注、让众多中国球迷感到骄傲和自豪的赛事。

2004 年，中国足球协会首次举办中超联赛。2020 年，江苏苏宁易购队以 2 : 1 的比分战胜广州恒大淘宝队，夺得中超联赛的冠军。2021 年，山东泰山队以 2 ：0 的比分战败河北队，夺得中超联赛的冠军。

足坛明星

各抒己见

> 足坛明星的魅力往往不在于其是否有高大帅气的外表，而在于其对足球技艺的熟练掌握与完美诠释。如果你了解足球运动，你一定也认识一些足球明星。你有特别喜欢的足球明星吗？你最喜欢的足球明星曾在足球比赛中留下过哪些骄人的成绩？

贝利

贝利（1940—2022），出生在巴西，巴西前著名足球运动员，司职前锋，有"球王""黑珍珠"之称。在球场上，贝利的特点是动作敏捷、技术全面、盘带华丽。

在巴西甚至整个世界，贝利都算得上是家喻户晓的足球明星。贝利的一生共参加过 1 366 场球赛，共射中了 1 283 个球。在巴西著名的马拉卡纳球场门前有一个醒目的球杯，它是专门为了纪念贝利而建的。

1956 年，贝利开启了自己的职业足球生涯，1957 年，贝利正式入选为巴西国家队球员，先后参加了 92 场比赛，共踢进了 77 个球，并在第 6 届、第 7 届和第 9 届世界杯比赛中和队友一起为巴西队赢得了 3 次冠军，让巴西队得以永久保留"雷米特杯"（成为三届世界杯冠军的球队可以永久保留"雷米特杯"）。

1999 年，贝利被国际奥委会评为"20 世纪最佳运动员"。

在球迷眼中，贝利早已不是一个简单的名字，而是一个标志，代表着足球这项伟大的运动。

⚽ 马拉多纳

马拉多纳（1960—2020），出生在阿根廷，是阿根廷前著名足球运动员和教练员，司职中前场。在球场上，马拉多纳具有技术全面、速度快的特点，他除了有精准的脚法和娴熟的带球技术，还有超强的大局观，在任何一支球队中，他都是一个灵魂人物。

早在 14 岁时，马拉多纳就成了阿根廷青年人俱乐部的一员，并于 1975 年开始以阿根廷职业球员的身份参加比赛。

马拉多纳是继球王贝利之后的又一个传奇人物，被誉为"小贝利"。在足球运动生涯中，马拉多纳夺得了不少冠军和荣誉称号，如 1979 年获得国际足联 75 周年锦标赛冠军，1986 年率领阿根廷队夺得了世界杯冠军，1987 年在那不勒斯获得了意甲冠军。

马拉多纳是无数足球运动员及足球爱好者的偶像，也是世界头号球星，被认为是"20世纪最佳足球运动员"。

⚽ C罗

克里斯蒂亚诺·罗纳尔多（1985—），简称C罗，出生于葡萄牙，职业足球运动员，司职前锋。C罗的专业特点是：技术全面、身体素质强、速度极快、射门和突破犀利。

2003年，刚满18岁的C罗加入了英超曼联，后成为首位在英超诞生的"世界足球先生"。2009年，C罗转会到西甲皇家马德里，期间获得了4次欧洲冠军联赛的冠军、2次西甲联赛冠军、3次世俱杯冠军。

2016年，C罗随葡萄牙国家队赢取欧洲足球锦标赛冠军。2019年6月，C罗随葡萄牙国家队赢取第1届欧洲国家联赛冠军。

截至2021年底，C罗已经获得了5次金球奖、4次欧洲金靴奖和7次欧冠最佳射手等。

⚽ 梅西

梅西（1987—），出生在阿根廷，是阿根廷著名足球运动员，司职前锋，被称为"新马拉多纳"。梅西在球场上呈现出这样几个特点：技术强、跑得快，射得准，反应灵敏。

梅西的足球运动生涯中战绩赫赫。梅西2000年加入巴塞罗那俱乐部，在效力巴萨俱乐部的那段时间，梅西凭借自己的努力逐渐跻身世界优秀足球运动员之列。梅西在巴萨俱乐部共夺得 10 次西甲冠军、4 次欧冠冠军、3 次欧洲超级杯冠军和 3 次世俱杯冠军。国家队方面，2005 年，梅西在世青赛中获得了金球奖和金靴奖。2008 年，梅西跟随阿根廷国奥队夺得了北京奥运会的金牌。2021 年，梅西随阿根廷国家队赢取美洲杯冠军。

个人荣誉方面，梅西迄今共获得 7 次金球奖和 6 次欧洲金靴奖。此外，梅西还是世界上首位获得劳伦斯奖的足球运动员。

多样化的足球运动：三人制足球、五人制足球、沙滩足球

三人制足球、五人制足球和沙滩足球其实是 11 人制足球运动的演变形式，而且越来越受到青少年的喜爱。下面就来详细认识一下三人制足球、五人制足球和沙滩足球。

随性简约的三人制足球

三人制足球，顾名思义，是每个足球队只需要有三个人就可以上场参加对抗和比赛的足球运动。三人制足球是一种小型的足球运动，两队分别由 3 名球员组成，大多以对抗赛的方式开展。

近年来，随着我国对足球运动的越来越重视，很多青少年开始有了接触三人制足球的机会。不管是青少年自发进行运动锻炼，还是开展校园足球竞赛活动，都可以采用三人制足球的形式。三人制足球具

有以下几个特点。

★ 规则简单，易于开展

开展三人制足球无需太大的场地，一般能满足场地长 23～28 米、宽 13～18 米，球门高 1 米、宽 1.6 米的条件即可。

此外，三人制足球不需要守门员，所有参与者只须将注意力放在对抗上即可。

更重要的是，三人制足球参与人数少，只要人数能凑够 6 人，有一块能容得下这些人的场地和足够一场比赛的时间，即可开展，非常便利。

投入比赛的青少年

★ 运动量较小，比赛更安全

正式的三人制足球比赛时间，要比常规的 11 人制足球比赛时间短很多，一般分两个半场，每个半场为 15 分钟，中场休息不超过 5 分钟。这样的运动时间和强度会让很多青少年有机会参与进来。

与 11 人制足球运动相比，三人制足球的对抗性较小，不允许做出如铲球、冲撞等较大的动作，所以相对而言运动安全性更高。这样就会大大减少青少年在足球比赛中受伤的概率。

★ 每个人都有更多机会触球

尽管三人制足球要求参赛者控制动作幅度，但不意味着三人制足球比赛就无趣。相反，三人制足球场地小、球门小，因此，与 11 人制足球运动相比，每个人都有更多的机会接触到球，球员们的积极性会更高，攻防转换会更快，活动过程十分精彩。

另外，三人制足球的参与人数少，无需守门员，每一位参赛者只需积极进行防守和进攻，尽职尽责，积极配合，力争本队的胜利。这样，所有参与比赛的青少年都会全身心地投入比赛中，自然会有激烈的场面。

⚽ 不可小觑的五人制足球

五人制足球是一种有两支球队且每支球队均有 5 名球员的一种足球运动。与三人制足球不同的是，五人制足球是有守门员的。

起初，五人制足球特别流行于业余的足球比赛中，但在之后开始逐渐趋于专业化，成了职业足球比赛的项目之一。随着我国对足球运动的重视，五人制足球也逐渐进入大众视野。

五人制足球主要有以下几个特点。

★ 适用性大

开展五人制足球不需要太大的场地，有一块长38～42米、宽18～22米的空地即可。另外，五人制足球赛不用太多人参与，组织起来也相对容易。因此，五人制足球的适用性很大。

★ 射门次数多，比分高

因为参赛人数少，比赛时间短（上、下两个半场，各20分钟，中间休息不超过10分钟），所以参与比赛的球员会十分珍惜一切可以得分的机会。在五人制足球比赛中，每一位参赛者都会积极攻守，频繁地射门，这会让整场比赛节奏非常快，比分也会随着比赛的进行持续不断地向上攀升，十分吸引观众。

★ 强调实战能力

在狭小的场地，参赛者更容易通过变换位置来赢得射门的时间与空间，这就需要参赛者具有较好的灵敏性及技战术意识，比如需要在地面上传球进攻，如滚球传球和脚底接球。

★ 趣味十足

和三人制足球相似的是，在五人制足球比赛中，因为场地有限，所以参赛者之间会频繁地进行近距离的配合传球、个人控球，另外因为有守门员的防守，这就让整个比赛过程非常有看点，非常具有观赏性和趣味性。

与沙为伴的沙滩足球

沙滩足球要求参与者在沙滩上踢足球，这也是沙滩足球与其他足球运动最大的不同。沙滩足球（两队分别由 5 名球员组成，且包含一名守门员）是一项极具吸引力的休闲足球运动项目，近年来，沙滩足球吸引了大批青少年球迷及足球运动爱好者的积极参与，成了海边的一道靓丽风景线。

★ 地域限制明显

沙滩足球有一定的地域限制。因为沙滩足球对场地的最基本要求就是必须在沙地上开展，如沙滩、有细沙的河滩等。因为沿海城市才可能有天然沙滩，所以要开展这项运动对于生活在其他地域的人们来说就有些困难。另外，因为沙滩足球属于典型的户外运动，所以很容易受到气候的影响。

沙滩足球场地

★ 对沙子质量要求较高

因为沙滩足球一般采用赤足的方式开展，所以对沙子的质量有较高的要求。比如，沙子必须是松软的、平整的且没有石子、贝壳等可能伤害到球员的物品。

如果是国际比赛，场地中的沙子必须是细小的颗粒，沙子深度不可浅于40厘米。在国际沙滩足球比赛中，场地中的所有沙子必须经过仔细的筛选，以确保没有危害球员身体的石子及其他物品。

★ 运动有趣，过程精彩

沙滩足球比赛一般有三个小节，每节只有 12 分钟，双方都想在有限的时间里获胜，因此比赛场面通常会非常激烈。参赛者会采用各种各样的技术动作，以获得运动优势。又因为沙滩足球没有过多的规则，每个参赛者都更具自主性，这就会使场上的局势富有变化，比赛会非常精彩。

在沙地踢球，地面配合很容易失误，需要参赛者频繁地进行高空配合，在沙滩上卖力地奔跑并试图射门，参赛者在跑动的过程中有可能会频繁摔倒，这样摔倒不容易受伤，反而会调节比赛气氛，不仅观众觉得有趣，参赛的青少年们也会被逗得哈哈大笑，从而更加喜欢上沙滩足球。

在沙滩踢球的少年

⚽ 温故知新

现代足球的前身——蹴鞠，起源于中国，相信每一个中国人都会为此感到自豪。

现代足球从英国走向全世界，世界第一个足球协会——英格兰足球协会的成立标志着现代足球的正式诞生。从此，现代足球开始朝着有组织、有秩序、有远大目标的方向发展。

随着现代足球运动的发展，各种精彩的足球赛事、实力非凡的足坛明星纷纷为世人知晓。

除了常规的运动形式，足球运动还衍生出了各种各样的运动形式，如三人制足球、五人制足球和沙滩足球等，多元化的足球运动形式给广大热爱足球的青少年提供了更多亲近足球的机会和选择。

快来加入足球运动吧，和同伴分享你的足球运动经验和乐趣，以及你关于足球运动的美好憧憬。

第二章

知己知彼：足球运动知识

校园足球比赛的通知一经发出就吸引了大批青少年学生的报名。一部分青少年早已蓄势待发，恨不得马上开始比赛，尽快决出胜负；而另一部分青少年相对冷静，意识到知己知彼才能百战不殆。

　　赛场上，成功的接传、精准的射门固然重要，但辨别位置、规避错误、选好装备、了解自己也非常重要。如果青少年在比赛之前连最基本的足球知识都还把握不准，那还谈何取胜，可能在比赛一开始就被判出局。

　　熟悉掌握足球运动知识，能让你更加自信地奔赴赛场。

认识足球场地

你近距离观察或使用过足球场地吗？你能说一说足球场地的大体模样吗？

足球场地环境的好坏既会影响参与球赛的青少年、裁判员以及其他工作人员的表现，又会影响观众的观赏体验。有时，足球场地优差甚至决定着球赛举行得是否成功。那么，你知道一个正规的足球场地应该是什么样的吗？接下来一起来认识足球运动的必备要素——足球场地。

⚽ 小足迹，大秘密

远远望去，一片绿油油的草坪似乎总是我们寻找足球比赛的踪迹的最明显目标。没错，的确有一群青少年正在进行激烈的比赛。他们脚下的草坪已经印下了无数个小小的脚印。

绿色似乎成了足球场最显眼的标志色。那么，对于足球场地中的绿色草地，你知道多少呢？

足球场的材质多为草地。草皮一般为75%的细叶草配上25%的大叶草。世界杯球场的草皮为人工合成的，大约70%的草是圆锥花序状的草，30%的草为牧草。

人造草坪

⚽ 重新认识你"熟悉"的足球场

★ 长方形还是正方形

众所周知，一场足球比赛的直接目标是将球踢进对方的球门。基于这个特点，足球场地的形状自然以长方形为最佳。如果你对足球场地没有深入的研究，你可能不会知道，足球场不是纯平面，而是像龟背一样。球场之所以要求四边低、中间高，是为了便于下雨时排出场地积水。因为球场面积较大，且上面都是草坪，所以很难发现这个秘密。

★ "偌大"究竟是多大

不同的比赛对场地的大小有着不同的要求。

用于比赛的正式球场的长度必须为90～120米，宽度必须为45～90米。长度要大于宽度。

在国际比赛中，球场的长度必须为100～110米，宽度必须为64～75米。

世界杯决赛阶段球场的标准为：长105米，宽68米。

场地上所有的线的宽度不能超过12厘米。

足球场

🄫 场地标记，一个都不能少

绿色是足球场的主色调，而白色则是必不可少的搭配色调。近距离观察足球场地可以很容易发现，球场上分布着许多白色线条，而且看起来非常有规律。别看这些白线在绿色地面的衬托下显得不那么粗壮，但其功能是不可忽视的。球场上的每一条白线及不同线围成的不同区域都是不可或缺的，均是一种标记。

边线：代表球场长度的、分布在球场两侧的线为边线。

端线：与两条边线相邻的、代表球场宽度的两条线为端线。端线也称"球门线"。

中线：将球场平均分为两个部分的、与两条端线平行的线为中线。

中点与中圈：中线上的中点（也叫"发球点"）是球场的中心。以中点为圆心、半径为 9.15 米画出的圆圈为中圈。

球门：球门在球场两端球门线的中央。球门的高度为 2.44 米，宽度为 7.32 米。

球门区：一侧紧贴球门线上的长方形为球门区。球门区由两条与球门线垂直的线和一条与球门线平行的线围成，并且两条垂直线均距球门柱 5.5 米远，长度也都为 5.5 米。

罚球区：从球门柱内侧 16.5 米处画两条垂直于球门的线，且两端由一条平行于球门线的线段相连形成的区域为罚球区。罚球区外侧的弧为罚球弧，其是以点球点为圆心，半径为 9.15 米画的一段弧线。

角球区：以距离角旗杆 1 米为半径绘制一个 1/4 的圆，弧内区域就是角球区，弧线即角球弧。

罚球点：也叫"点球点"，其垂直距离球门线大约 10.97 米。

平顶旗杆：场地四个角均竖起一根不低于 1.5 米的平顶旗杆，上面系有角棋。

第四官员席：位于主席台的一侧，在中线与边线交叉点外，距离边线大约 5 米。

替补席：替补席共有 14 个座位，位于主席台的一侧，分别在第四官员席两侧约 10 米的地方，都距边线大约 5 米，平行于边线。

每一位热爱足球的青少年都应该牢记这些线条和区域的具体位置。

⚽ 每条线都有自己的价值

边线与端线的作用：判断足球是否出界，如果球越过了边线或端线就要根据情况罚球。

球门线的作用：一是判断是否进球，足球只有整体从球门柱及横梁下越过球门线才能算进球；二是在罚点球时，青少年要双脚站在球门线上；负责防守的青少年可以在罚球区内有间接任意球，且罚地点距球门不足 9.15 米时可站在本方的球门线上防守。

中线的作用：一是判断是否越位；二是在中圈开球时，双方队员要在开球前站在本方半场内，不可超过中线。

如果你要在足球场上尽情地挥洒汗水，那就得对这些线的作用了然于心。

足球场地是为足球而诞生的，它似乎有着一种神奇的力量，能记录无数关于足球的光荣与梦想、悲伤与痛苦，让素不相识的足球爱好者因为对足球运动的共同热爱而聚在一起。

指点迷津

马拉卡纳球场

说到马拉卡纳球场，你一定会立即想到"球王"贝利。其实，马拉卡纳球场除了与贝利有一些渊源，它自身还有许多值得探索的秘密。

马拉卡纳球场的官方名称为马里奥·费劳运动场，其坐落于巴西里约热内卢。马拉卡纳球场共举办过 8 场世界杯比赛，其场地长为 105 米，宽为 68 米。

因为场地面积大，所以早在 1948 年就开始动工，直至 1965 年才完全建完。

马拉卡纳球场最初修建是因为要在巴西举办世界杯，其曾一次性最多接待过 20 万左右的球迷。但后来因为怕出现安全问题，国际足联要求一次最多只能允许 8 万名观众入场。即便如此，马拉卡纳球场也是目前世界上最大的体育场之一，早已被许多球迷视为世界足坛的标志性球场。可以说，马拉卡纳球场超越了建筑的范畴，升华到了更高的层面。

马拉卡纳球场

掌握足球运动规则

足球运动的规则细致而又严格，稍不注意就容易触犯。如果你不想因为没有掌握足球运动的规则而被判犯规，那么你就要认真学习相关的规则。接下来就来认真学习或重新回顾一下足球运动的规则吧。

谁在与你并肩作战

在一场正规的足球比赛中，你不是一个人在努力，而是和一大群人在并肩作战。足球是一项需要多人密切合作才可能战胜对手的运动。因此，足球运动对于参与者的数量及位置分布有许多讲究。

在正规的足球比赛中，每队上场11人，其中1人为守门员。每场比赛可以替换三人，若有一队人数少于7人，比赛将无法进行。

球场上除了球员，还会有1名主裁判、2名助理裁判和1名替补裁判。

在正规的足球比赛中，你与你的同伴分别承担着各自不同的场上职责，所以需要站在不同的位置。

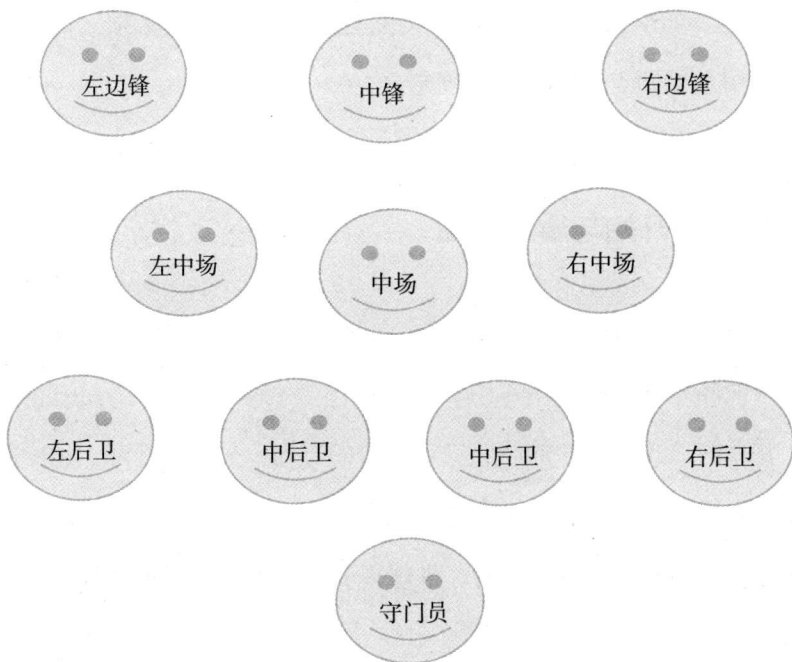

球员的场上位置分布——经典阵型

⚽ 牢记比赛时间，让你踏实应战

只有清楚比赛的时间才能合理地分配时间，踏实地与对手对抗，从而增加胜利的概率。

正规的足球赛会分上下两个半场来打，每半场 45 分钟，中间休息不超过 15 分钟。球员有中场休息的权利，而且比赛的规程要注明中场休息时间。如果要改变中场休息的时间，必须经得裁判员的同意。

如果两队在全场比赛 90 分钟内打成平局，那么就要打加时赛，加时赛一般为 30 分钟，分上下两个半场，各 15 分钟，中间不休息，仅交换场地。如果两队在加时赛中仍然打成平局，那也必须立即决出胜负，采用互相罚点球的方式来判定。

⚽ 比赛的开始与重新开始

比赛的开始不是随意进行的，而是有一定的程序的。比赛的开始包含两个部分：预备和开球。

预备时，投币猜中的球队决定进攻的方向，另一队开球。猜中的球队在下半场开球，两队在两个半场交换场地。要想开球直接得分的，可以抓住几个时机：比赛开始时、进球得分后、上下半场比赛开始时、决胜期两个半场开始时。

开球的具体程序是：发球球队的所有球员都要站在自己的场地上。只要足球进入对方半场的距离超过了足球的周长，就说明比赛已经开始。在其他球员接触球之前，开球的球员不可再次触球。如果有开球程序上的其他犯规，需要重新开球。

⚽ 活球与死球

球完全从边线或球门线越过或是裁判员宣布停止或终止比赛，即被认定为无效的死球。下面几种情况会直接造成死球：其一，球从地

面或空中越过边线或端线；其二，当裁判员要求比赛停止时；其三，有球员受伤时；其四，球员在比赛中犯规。

除死球之外的球均为活球，具体包括以下情形：其一，球从球门柱、球门横梁或角棋杆上弹回至赛场上；其二，球从赛场上的裁判员或边线裁判员的身上弹回至球场；其三，裁判员决定球员的行为是否犯规期间。

⚽ 谨言慎行，别被罚了任意球

一方球员向对方球员做出以下十种行为的任何一种即可判对方踢任意球：踢或者企图踢、绊摔或企图绊摔、跳向、冲撞、打或企图打、抢截、推、拉扯、吐口水、故意手球。

相互冲撞的两名青少年球员

⚽ 牢记规则，避免罚球点球

在比赛中，如果一方在自己的罚球区内因为违反了可判为直接任意球的规则，那么就要罚点球。

一旦点球进球即可得分。在两个半场比赛或加时赛两个半场结束时，一般允许延时完成罚球点球。

点球

⚽ 管好自己，别被警告和罚下场

裁判员会如何处罚持续公然违反比赛规则的青少年呢？裁判员可以出示黄牌来发出正式警告。

裁判员举黄牌

黄牌警告的意思是：如果继续违反类似的规则，即被罚下场。裁判员如果发现球员有以下任意一种行为，可以直接罚其下场。

其一，行为粗暴。

其二，严重违反比赛规则。

其三，向其他人吐口水。

其四，使用侮辱性或者污秽的语言。

其五，在一场比赛中被两次警告。

其六，故意操纵球，使对方无法进球或失去明显的进球机会。

其七，因为可判为任意球或点球的犯规，使向球门移动的对方失去了明显的进球机会。

球员一旦被红牌罚下场就不可继续比赛，连替补者也不能填补空缺。

裁判员举红牌

⚽ 细致入微，认真对待裁判员的每个手势

在比赛过程中，当球员出现犯规或不正当行为时，裁判员会立即做出手势，以示意接下来的比赛要如何进行。

直接任意球的手势：一只手臂侧平举，明确指出踢球方向。

间接任意球的手势：一只手臂向上举起，掌心朝前。这一手势要持续到球踢出后，且被其他球员触及或者成为死球为止。

继续比赛的手势：两臂前举，手臂向前方稍微挥动。

罚令球员出场和警告的手势：分别亮出红牌、黄牌。在使用红牌、黄牌时，一只手持牌伸直手臂上举，面向被处罚的球员，并做短暂停留。

挑选球衣与球鞋

在赛场上，合适的球衣与球鞋对于青少年来说也非常重要。毕竟，足球运动是一项较为激烈的运动，如果选错了球衣与球鞋，不但会禁锢青少年的身体，还可能引发不必要的运动损伤。

穿好球衣，快乐踢球

足球球衣主要包括上身的运动衫和下身的短裤、球袜。

★ 运动衫与短裤

在选择上衣和短裤时，首先要选合适的尺码，穿在身上既不过于宽松也不紧绷；其次要选择吸汗、透气，而且耐拉扯的运动服装。一般市面上多见的足球服面料多是涤纶材质的。

穿宽松舒适的运动衫与短裤的足球少年

★ 球袜

长袜的作用是包裹护腿板，防止小腿在比赛中被对手鞋钉磕碰受伤。选择球袜要考虑透气性和防滑效果，以及是否耐磨。莱卡棉的球袜价格相对较高。性价比高的球袜为毛巾底的袜子。

一般来说，没有真正意义上的纯棉球袜，通常球袜的棉纱含量约为60%～80%之间。为了保证球袜的弹性，一些球袜会加入弹性纤维。考虑到是否贴肤，一些球袜会加入莱卡。为了防止球袜在奔跑的过程中滑落，袜头、袜跟和罗口多使用人造纤维。

总体来说，最好选择纯棉的球袜，但这里的纯棉其实就是指除了弹性纤维和吊线丝之外的纱线面料；球袜最好为长筒袜。

足球袜

★ 赛场上球衣搭配与选择

如果要参加正规的足球赛，应特别注意球衣的协调搭配，并且要与对手球衣形成鲜明的对比。同时，同一队的青少年除守门员之外其他青少年的服装颜色都要统一。

对于正规的足球比赛，一般需要三套球衣——主场球衣、客场球衣、第三球衣。主场作战的球队要穿主场球衣。客场作战的球队一般要穿客场球衣，但必须保证颜色与主队球衣不同；如果客队的客场球衣与主队的主场球衣发生撞色，那么就要观察第三球衣是否更合适；如果发现第三球衣与主队球衣也发生撞色，那么就要再看客队的主场球衣是否更合适。

全副武装的足球少年

⚽ 穿对球鞋，自由奔跑

因为足球是一项对抗性极强的运动，很容易发生脚部的损伤，所以精心挑选出一双合适的球鞋非常必要。另外，球鞋对青少年的竞技状态影响极大，要想发挥出自己的水平，找到自己的踢球风格，就必须选择抓地力好的球鞋。

足球鞋底最好选择钉柱型的鞋底。足球鞋的钉柱有可替换与不可替换两种。可替换的钉柱是由皮革、橡胶、塑料、铝质等材料制成的，其会牢牢地嵌入鞋底。

为了避免因为钉柱过尖而伤害到别人，要仔细辨别鞋底上的鞋钉。首先，鞋钉除了底座之外应该是圆形的，底座突出鞋底不可超过 0.64 厘米；其次，钉柱要为圆锥形，且任何部分的直径不能小于 1.27 厘米。

足球鞋与足球

指点迷津

根据场上位置选择球鞋

青少年在选择球鞋时除了要考虑柔软性、透气性、脚感等基本因素，还应该根据自己在场上的位置来选择。

门将：因为门将要经常开门球，还要拦截传中球，必须有极强的瞬间爆发力，所以最好选抓地力好、包裹性好的球鞋。

后卫：后卫经常要与对手直接对抗，所以要选择对双脚有很好保护作用的球鞋，以便能更干脆利落地将球踢出。

中场：中场队员肩负组织、防守、工兵等多个重任，所以要选择一双触感好、控球能力强的球鞋。

前锋：要想更好地展示技术，前锋队员应选择一双有强力摩擦条的球鞋；而要想保证速度，就要选择一双轻巧的球鞋。

了解自己的足球运动水平

各抒己见

　　你向往足球运动吗？你想提升自己的足球运动水平吗？当看到青少年们在赛场上努力拼搏的身影，当听到场下观众此起彼伏的呐喊，你一定会有所触动吧！你一定摩拳擦掌，跃跃欲试，恨不能马上成为场上的一员。别急！你现在要做的是了解自己的足球运动水平。那么，如何才能判断出自己的足球运动水平呢？下面就尝试用一些办法来了解自己的足球运动水平。

自问自答

　　如果你能对下列几个问题给出肯定的回答，那么说明你已经具备成为一名球员的先决条件。

你是否热爱足球运动?

你的身体是否健康?

你的品行是否端正?

你能否遵守球队的纪律?

你能否坚持参加训练?

成为球员的基本条件

⚽ 自我测试

体能好不好决定着你在球场上的表现好不好，所以你可以自行检测一下自己的体能。

爆发力测试：如立定跳远。如果你能跳至 1.8 米以上，那么基本可以断定你的爆发力很不错；如果你能跳 1.6～1.8 米，那么说明你的爆发力能达到合格的标准；如果你跳远的距离连 1.6 米都没达到，那就要考虑加强爆发力训练了。

立定跳远

　　耐力测试：如跳绳。你需要拿到一根跳绳，然后计时 60 秒开始即跳绳。如果你每分钟跳 130 次以上，说明你的耐力水平相当不错；如果你每分钟跳 110～130 次，说明你的耐力水平基本合格；但如果你每分钟只能跳 110 次以下，那么你就应加强耐力训练。

跳绳

反应灵敏测试：如折返跑。你可以召集身边有相同意愿的同学或朋友，一起进行折返跑比赛。具体的展开方式是：4 人一组进行 15 米折返跑，跑两次，进入前 2 名记为合格；如果没能进入前 2 名，那就要继续进行相关训练。

身体协调性测试：如模仿。你可以根据同伴的动作，进行模仿练习，进而通过对比来评估自己的身体协调性。

⚽ 优秀足球运动员应具备的特点

每个青少年都希望自己能成为一个水平更高、专业性更强的球员。要达到这个目标，就要清楚你当前是否具备了成为一名优秀球员的素质。

速度快，爆发力强，协调性好，柔韧性好，身体灵活

自信，专注，果断，意志力强

熟练且快速的对抗，准确的攻守

理解能力强

优秀球员的素养

参照这些标准，你就能很清晰地看到自己的优势与不足，从而判断出自己距离成为优秀球员还差多远。

⚽ 估算一下技术水平

虽然测量技术水平并不容易，因为其涉及的因素有很多，但凭借一些主要的数值似乎又能说明一些问题。因此，青少年可以通过对自己的技术水平进行简单的测量与计算来估计一下自己的运动水平。比如，可以分析自己在比赛中的效率，估算一下自己射门的命中率、成功进攻与防守的命中率等。

比赛的效率，即在比赛中的效果。你可以通过记录自己在比赛中的得分与失分情况算出自己的效率数。

个人效率数 =（个人正分 + 个人负分）/ 上场时间

射门的命中率，即射门的次数与射中的次数的比值。

射门命中率 =（射中次数 / 射门次数）× 100%

进攻成功率，即积分与进攻次数的比值。

进攻成功率 =（总积分 / 进攻次数）× 100%

防守成功率，即比赛中防守次数与防守成功次数的比值。

防守成功率 =（防守成功次数 / 防守次数）× 100%

激烈比赛的少年

⚽ 观察与感受你的心理机能水平

心理机能的水平是需要青少年在赛场上自行观察与感受的。

感受自己是否有运动焦虑，如心跳加速、血压升高、尿频、注意力不集中等。

感知自己的反应能力，如手脚是否能协调、敏捷，对光、声音能否做出快速反应。

体会自己在球场上分配注意的情况，如能否合理地完成传、运等技术动作。

一旦发现自己在心理上出现了一些问题，青少年要积极调整，争取早点恢复到更好的心理水平。

休息中的青少年

⚽ 温故知新

　　偌大的足球场地不只属于你，还属于裁判员、观众等很多人。

　　虽然足球规则特别繁杂，但你也必须牢记每一条。熟悉了足球场地及其规则，就要着手挑选合适的球衣与球鞋，以便你在赛场上发挥出最佳水平。

　　不论你的时间有多么紧迫，也不能忽视对足球运动知识的学习。试想，一个对足球运动知识丝毫不了解的青少年在足球场上又怎么会有更好的运动表现呢？

第三章

厚积薄发：足球素质训练

随着裁判员的一声哨响，两队比赛正式打响。在绿草如茵的场地上，两队青少年都在奋力地奔跑、传球、射门，每一个动作都不含糊。可想而知，青少年要想在如此激烈的比拼中有出彩的表现，那绝不是仅靠运气就能做到的。

为了能在球场上留下精彩的瞬间，也为了能在任何一场比赛中都底气十足，一定要积极进行足球素质训练，让自己不断强大起来，成为一名各方面素质都很强的青少年球员。

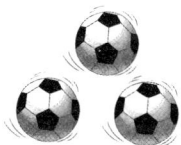

足球体能训练

各抒己见

你参加过专门的足球体能训练吗？当看到其他青少年在球场上专注的状态，你会羡慕吗？

只有准备充分才能做好事情，这是一个永恒的道理。青少年要想在赛场上靠体能取胜，那就要注意加强体能训练。那么，你知道如何进行足球体能训练吗？接下来就来深入了解一下足球体能训练。

加强体能训练，打造足球体魄

足球运动对青少年的体能有一定的要求，体能较好的青少年在球场上的运动表现将更具优势，在你参与足球运动前，不妨先来了解一

下体能训练的内容及意义。

★ 什么是足球体能训练

体能，即人体通过先天遗传与后天训练所获得的在形态结构、功能调节、物质能量存储与转移等方面的潜能及与外界环境相结合所表现出的综合运动能力。

青少年参与足球体能训练，能全面提升青少年的机能水平和运动能力。足球体能训练具体涉及五个方面：力量训练、速度训练、耐力训练、柔韧性训练和灵敏性训练。

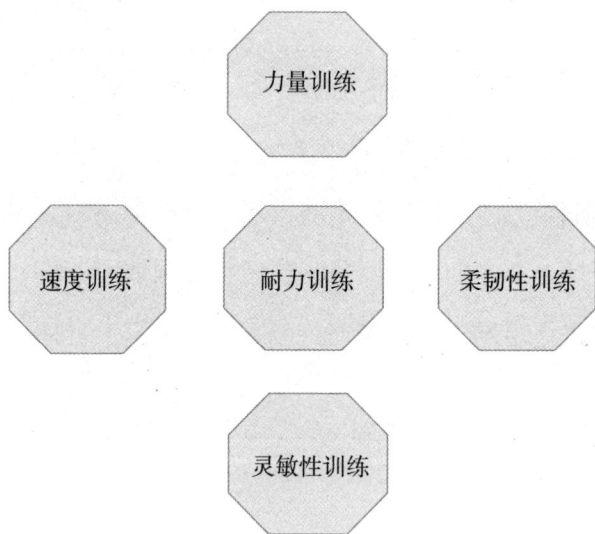

力量训练

速度训练　耐力训练　柔韧性训练

灵敏性训练

体能训练的内容

★ 为什么要进行足球体能训练

青少年要想在比赛中获得优异的成绩，除了要提升足球技术外，还要进行体能训练。

足球运动激烈，青少年体能消耗大，良好的体能有助于青少年更好地适应足球运动的强度与负荷。

足球运动体能训练有助于青少年更加精准地完成各类足球技战术动作。

足球运动体能训练可以有效增强青少年的自信心，减少失误及运动伤病的发生。

足球体能训练的意义

从某种程度上讲，青少年在赛场上的较量很大一部分是体能的较量。因此，青少年积极参与体能训练极为重要。

当然，青少年也可以通过比赛来总结一些经验，进而改进自己的体能训练方法，从而获得一种更为科学、合理的体能训练方法。

良好的体能是获得好成绩的基础

⚽ 在有限的时间内做有效的体能训练

　　青少年阶段开展的体能训练内容与方法通常较为丰富，不同年龄的青少年往往要进行不同的体能训练。同时，因为青少年的体质状况各有不同，所能承受的训练极限也有一定差别，所以在参与体能训练时必须遵循科学的原则。在确保即将接受的体能训练计划是符合自身情况的前提下，可以接受一些有针对性的训练。此外，在体能训练开始前，青少年可以先做一些基础的训练动作（如热身运动），然后有序地进行体能训练，并逐步增加训练的难度。

　　如果青少年在毫无准备的情况下参与超负荷的体能训练很容易发生运动损伤。因此，参与体能训练切忌急于求成，一定要循序渐进，动作从简到繁，强度与力量从小到大，这样参与体能训练才更有效。

体能训练前的热身运动

⚽ 探寻足球体能训练的方法

为了让身体适应紧张的比赛，青少年应该在上场之前增强自己的
力量素质、速度素质、耐力素质、柔韧素质及灵敏素质。

★ 力量素质的训练方法

力量即能够克服所有阻力的强力。在足球比赛中，青少年经常要
完成急停、急转等动作，这就需要有很强的爆发力。增强肌肉力量就
是提高爆发力的直接目的。

腿部力量较强的青少年

　　因为每个青少年的身体素质各有差异，所以青少年应根据自己的身体素质进行有针对性的训练。以下几种训练方法使用起来十分方便，你可以结合自己的实际情况参照练习。

　　提腿训练：身体直立，上体正直；两臂自然弯曲且置于腰线；屈膝，上抬大腿与地面水平，还原。两腿交替练习。

　　俯卧撑训练：俯卧，直臂撑地，指尖向前，两手间距同肩宽；两腿后直伸，并脚，脚尖着地；屈肘，背、肘、头、腿在同一水平线上，伸直两臂。反复练习多次。

折返跑训练（25米）：在25米的跑道内，每隔5米放一个标志物，绕各标志物做快速折返跑，反复练习多次。

常见足球力量素质训练方法

每周的力量训练负荷不可过大，时间也不要太长，以免发生损伤。

★ 速度素质的训练方法

足球场上，人随球动，谁的反应更快、跑得更快，谁就有机会先靠近球，获得控球权；快速进攻、快速回防，同样离不开良好的速度素质。速度对于参与足球运动的青少年来说非常重要。

球场上的速度比拼

青少年可以通过一些跑的训练提升速度素质，如绕障碍跑、深蹲跳、行进间跑等。

绕障碍跑训练：在已经布置好障碍物的场地中进行跑步训练。通常，需要按照规定的路线奔跑并完成既定动作，用时最少的即获胜。反复练习多次。

深蹲跳训练：腰背挺直，腰腹收紧，下蹲时手臂向前伸，与地面平行；大腿与臀部收紧且用力跳起，手臂下摆。反复练习多次。

行进间跑训练：听到"开始"指令后，加速跑30米；随惯性放松至慢跑。反复练习多次。

常见足球速度素质训练方法

★ 耐力素质的训练方法

在足球场上，踢得越远、跑得越快也就越有可能为本队加分。但是，如果只能在比赛的前半场保持这种良好的体能状态，而在后半场却已经体力不支、反应迟缓，那么将很容易被对手击败。因此，青少年的耐力素质也是足球体能训练的重要内容。

球场上耐力的较量

足球运动属于有氧运动，所以加强青少年的有氧耐力素质训练将能更有效地提升他们的足球耐力素质水平。青少年可以采取连续不间断跑、交替跑、沙地连续走或负重走、深蹲、仰卧起坐等方法训练有氧耐力素质。

连续不间断跑训练：听到"开始"指令后，在30~60分钟内进行连续不间断的奔跑。

交替跑训练：分A、B、C三组；A组和B组站一端，C组站另一端，A组1号青少年先跑到C组，接着C组1号青少年跑到B组，然后B组1号青少年跑到A组。2号、3号依次类推，继续训练。

> 沙地连续走或负重走训练：在沙地徒手快走或负重（杠铃杆或背人）走。徒手快走可以每组练习400～800米，负重走每组可以练习200米。反复练习多次。

常见足球耐力素质训练方法

★ 柔韧素质的训练方法

在踢足球时，你的身体柔韧性越好，就越能轻松地诠释各种技术动作，在对手还没来得及行动前出其不意，抢占先机。因此，青少年要注意加强柔韧素质的训练。比如，可以进行拉肩、双人压肩、弓箭步走、直膝分腿坐压腿、扶墙拉小腿、瑜伽、体操等训练。

> 肩部拉伸训练：背对肋木坐好，两手头上握肋木，支撑点放在两脚上，挺胸腹前拉起成反弓形，坚持10秒，反复练习多次。

> 双人压肩训练：两人相向而站，两臂伸直并搭在对方肩部；两脚开立与肩同宽；肩部放松，弯腰，上半身用力向下振压，且幅度逐渐加大。反复练习多次。

弓箭步走训练：大腿与地面成垂直角度，大腿与小腿成钝角，重心落于两腿中间；两手叉腰，目视前方，上半身保持挺直；两腿成弓步交替向前行走。

直膝分腿坐压腿训练：两腿最大程度地分开且坐在地板上，呼气，转体，上半身前倾贴在一条腿上部。训练一定次数或一段时间后，换另一条腿继续进行训练。

扶墙拉小腿训练：面向墙站立，双脚左右开立，与肩同宽；两臂伸直且双手扶墙，使头、颈、躯干、骨盆、双腿和踝在一条直线上；直臂屈肘，身体向墙倾斜，使头和肘接触墙面。

常见足球柔韧素质训练方法

★ 灵敏素质的训练方法

足球赛场上的比拼的激烈程度是可想而知的，青少年要想从对手的围攻中脱身，并一路朝着球门前进，那么就要具备一定的灵敏性。

灵敏的青少年

青少年的灵敏素质也是可以通过专门的训练得以提升与巩固的。青少年在训练灵敏素质时，可以采取仰卧起坐、快速跑、交叉摇绳、原地团身跳、闭单眼做金鸡独立等方法。

仰卧起坐训练：仰卧，屈膝成90度，脚掌着地；两手放头后，腹部用力使身体抬起离地10～20厘米，坚持10秒，身体稳稳地下降回原位。反复练习多次。

快速跑训练：听到"开始"指令后，立即以最快的速度跑完规定的距离。在跑的过程中，蹬腿要快速、充分且有力，前臂的摆动幅度要大一些，身体重心要平稳。反复练习多次。

交叉摇绳训练：两手交叉摇绳，每摇一次或两次，一只脚或者两只脚跳一次绳。

原地团身跳训练：原地站好，听到"开始"指令后，立即在原地跃起；身体腾空后，两腿迅速团身收紧，接着下落还原成最初的姿势。反复练习多次。

常见足球灵敏素质训练方法

足球心理训练

在足球比赛中，青少年心理素质的好坏会直接影响其在场上的表现。青少年良好的心理素质不仅是其心理成熟的标志，还是其发挥技战术水平的重要保证。那么，如何才能让青少年拥有良好的心理素质呢？接下来认识一下足球心理训练。

加强心理训练，做好踢球准备

在足球运动中，心理训练与体能训练及技战术训练同等重要。具体来说，足球心理训练的意义如下。

★ 利于灵活地掌握足球技巧

在球场上，你的心理素质越好，你就越能灵活地发挥足球技巧。

当对手突然挡在你面前，你不会因为紧张而控制不住脚下的球；当你没能接住队友传给你的球时，你不会因为这次失败而放弃继续得球的机会；当你打算传球时却发现附近有好几个可以配合的队友时，你不会因为犹豫将球传给谁而让球偏离了方向；当你准备射门却意识到附近没有能帮助你的队友时，你仍然会保持冷静，调整好位置，果断将球踢出。

★ 利于形成健康的比赛心理

足球心理训练利于青少年形成健康的比赛心理，其具体体现在两个方面。

增加心理能量储备，形成适宜比赛的心理状态，避免因为过于紧张、亢奋等负面情绪而出现过早疲劳。

使青少年产生正确的比赛动机，形成良好的心理状态，以免因为无法克服心理障碍而影响在比赛中的发挥。

青少年健康比赛心理的形成

★ 利于形成良好的竞技状态

足球心理训练利于青少年形成良好的竞技状态。竞技状态即人体机能能力在比赛前及比赛中的一种状态反应，其包括生理机能与神经机能。良好的竞技状态说明青少年体能素质、心理素质良好，其综合运动水平可以保证其顺利参加比赛。青少年是否形成了良好的竞技状态，要从两个方面来考察。

能否快速进入比赛状态，是否有很强的运动能力，身体能否在赛后很快恢复赛前状态

比赛中是否感到疲劳，是否愿意比赛，是否想要迫切地展示自己的能力

具备良好竞技状态的标准

青少年能灵活地掌握足球技巧、形成健康的比赛心理及竞技状态，在比赛中就更可能获得好成绩。

⚽ 探寻足球心理训练的方法

足球心理主要涉及自信心、自控能力、注意力、耐心和沟通能力等方面。

★ 自信心的训练

青少年的信心是取得比赛胜利的一个重要因素。而一个人的自信心并不是与生俱来的，而是要靠后天的训练及培养而形成的。因此，青少年要想更加自信，除了要注意日常的训练，还要积极参加一些球赛。

比如，青少年可以根据自己的实际情况制订一个技战术训练计划，先进行分解动作的训练，待分解动作掌握以后再进行组合训练。这样，青少年就能清楚地看到自己的点滴进步，从而变得更加自信。当有机会参加球赛时，青少年应该踊跃参加。待比赛结束后，青少年可以分析自己在比赛中的优势与不足，并主动寻求一些解决的办法。这样，青少年就能意识到自己有能力参加类似的比赛，进而树立起自信心。

球场上信心满满的青少年

★ 自控力的训练

自控力是指控制自己的情绪、约束自己的言行的能力。一个自控力很强的青少年不但能全力以赴地克服各种困难去完成自己的目标，而且能排除诸多不利的外界干扰因素，以积极的心态应对问题。

青少年要不断提高自身的文化素养，从而能够比较全面地认识事物，认识自己与他人的关系，进而提升自己在遇到事情时的承受力。

上场前，摆正心态，秉承"友谊第一，比赛第二"的原则应对赛场上的任何状况。

日常应加强技战术训练，丰富运动经验，提高适应比赛的能力。

场上要控制好情绪

★ 注意力的训练

青少年注意力集中的强度依赖于其精神机能，而注意力集中的保持与延长则取决于身体机能。赛场上的瞬间走神可能导致失分甚至输掉比赛。因此，青少年除了要训练自己的体能还应该训练自己的注意力。

利用图片记忆法训练注意力：与同伴合作，其中一人在图片中写出相应的文字，让另一个人在最短的时间内记住这些文字，之后随机提问。

抢足球比赛：所有人围成一个圆圈慢跑，当听到"抢"的指令后立即抢圆圈中的足球。

颠球比赛：两个人比谁颠得多。

这些方法不但能活跃训练氛围，而且能提升青少年的注意力。

专注于颠球的青少年

★ 耐心的训练

赛场上，迟迟没有进球比赛就容易显得冗长沉闷，球迷的兴致也不会太高，没有助威和喝彩，青少年就容易感到疲劳。此时，青少年是否有耐心将影响其在接下来的比赛中表现是否良好。因此，训练青少年的耐心十分重要。

青少年可以通过坚持一件事来训练耐心，如每天晨跑 10 分钟、练字半小时或者钓鱼等。一段时间后可以看看自己的成果，这样就可以坚定信心，更有耐心地进行足球运动。

耐心接受教导的少年们

★ 沟通能力的训练

足球运动是一项多人参与的运动，青少年的个人能力固然重要，

但队友之间的配合也很重要。在这种多人参与的运动中，青少年要避免个人主义，注重与团队的合作与沟通。提高青少年沟通能力的方法有很多，如悉心倾听，勇于表达内心感受，对事不对人，理性沟通，敢于认错，懂得拒绝等。

青少年可以在赛前邀请其他队友参加一些聚会，大家提前增进了解，从而在赛场上能更有效地沟通；也可以在训练时与其他人进行一些简单的互动，如蒙眼传球；还可以根据其他同伴的提示，将球传到指定的位置。

积极沟通的球队

指点迷津

焦虑心理自测

在足球比赛中，青少年的焦虑心理很大层面上源于对自身能力的不自信。如果青少年能及早地发现自己有焦虑心理，那么就能及时地想办法进行调节。青少年要想判断自己是否有焦虑心理，可以回答下列问题。

1. 与对手竞争时有快乐的感觉吗？

2. 在比赛之前有不安的感觉吗？

3. 在比赛之前担心比赛不能顺利进行吗？

4. 在赛场上算是一个好的青少年球员吗？

5. 在赛场上会担心发生失误吗？

6. 在上场前感觉慌张吗？

7. 认为制定参赛的目标重要吗？

8. 赛前的心跳比平时快吗？

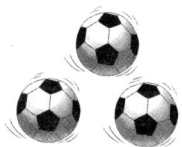

丰富多彩的足球游戏

各抒己见

看到同学、同伴们为了能赢得游戏的胜利而积极沟通、默契配合的时候，你会想成为其中的一员吗？

足球游戏既可以丰富青少年的训练模式，又能有效缓解赛前紧张的情绪。那么，你知道开展足球游戏的好处吗？你清楚如何开展足球游戏吗？接下来就通过轻松的足球游戏训练足球素质吧。

边玩边练

青少年阶段正是喜欢玩各种游戏的阶段，所以足球游戏是一种很好的提升青少年足球素质的手段。足球游戏可以有效激发青少年参与训练的积极性，从而取得更好的训练效果。

具体来说，青少年积极参与足球游戏，会有以下几个好处。

增强身体素质：足球游戏中，身体机能可以得到有针对性的训练，为参与足球运动奠定身体素质基础。

提升技战术水平：参与与足球运动技战术相结合的足球游戏，为参与足球运动奠定技战术基础。

提高协作与竞争意识：参与足球分组游戏，比哪组快、哪组稳、哪组多等，游戏中既有合作又有竞争，有利于增强青少年参与足球运动的合作和竞争意识。

足球游戏的益处

⚽ 值得尝试的足球小游戏

适合在青少年中开展的足球游戏有很多，这里推荐几个常见的且易于开展的足球小游戏。

★ 足球打靶

足球打靶是一种既可以训练体能又可以培养足球技巧的小游戏。

在距踢球点20米处画一个直径为3米的圆圈做球靶。将参与游戏的青少年分为两组并分别站在踢球点两端。两组青少年轮流将球踢向球靶，进球最多的一组获胜。

足球打靶的玩法

规则要点：

其一，足球必须置于踢球点的范围内，否则视为犯规，即便进球也不算数。

其二，以足球的第一落点为准。

★ 足球绕桩＋射门

对于青少年来说，足球绕桩＋射门的游戏是一种很容易激起青少年运动兴趣的游戏。

将参与游戏的青少年分为两组。在球门前每隔3米放一个足球桩，共放5个。青少年带球绕桩一周，按照蛇形的路线绕过5个桩，绕完桩后射门。先完成绕桩+射门的组获胜。

足球绕桩＋射门的玩法

规则要点：

其一，绕桩必须从头到尾绕过每一个桩，且采用蛇形交替的绕法。如果在绕桩时将桩碰倒，必须扶起来之后再继续比赛。

其二，所有桩都绕完之后才能射门，进球才算完成；未进球，就要从起点重新开始绕桩。

其三，上一名青少年进球之后，下一名青少年才能开始游戏。

★ 带球追逐

带球追逐能让青少年体验一把在球场上带球跑的感觉，是一种很值得尝试的小游戏。

将参与游戏的青少年分为四组，由一组青少年当"追捕手"，其他三组青少年在场内自由带球。"追捕手"边带球边追赶并触摸其他组的青少年。4分钟之内都未被触摸的青少年获胜。

带球追逐的玩法

规则要点：

其一，"追捕手"的球衣颜色要能区别于其他青少年。

其二，被"追捕手"触摸到的青少年离开场地，并在场外进行颠球训练。

其三，待所有带球青少年被淘汰离场后，本轮游戏结束。

其四，在下一轮游戏中，指派另一组青少年当"追捕手"。

★ 小鱼巡回接力

小鱼巡回接力是一种一边跑一边踢球的游戏，其对训练青少年的专注力和协作精神非常有效。

将参与游戏的青少年分为两队，队首的队员踢球跑向远处的球桩，绕过球桩后返回再将球交给第二名队员，各队员依次绕桩跑踢球。接力速度最快的组获胜。

小鱼巡回接力的玩法

规则要点：

其一，上一名青少年折返到起跑线后，下一名青少年才能开始游戏。

其二，接力过程中，如果球桩被撞倒，必须扶起后，才能继续游戏。

★ 以手传球

以手传球是一种很容易开展的游戏，其考验的是青少年之间的配合。

将参与游戏的青少年分为两组，无需守门员，所有青少年均只能用手传球，试图将球射入对方球门。进球最多的组为获胜组。

以手传球的玩法

规则要点：

其一，两组的球衣要有所区别。

其二，控球者在射门前或将球传给队友前，要带球跑三步。

其三，防守方的任一青少年均可以用手阻止进攻方射门。

其四，如果球中途掉在地上，或被防守方截获，或射门得分后，双方要交换控球权，继续进行比赛。

温故知新

　　青少年的运动素质决定着其能否更好地呈现技战术，影响着其在比赛中的成绩。所以，要想获得好的比赛成绩，就要进行足球素质训练，提升足球素质，包括提升体能训练和心理训练。

　　此外，青少年还应该积极参与一些足球小游戏，只要参与到游戏中，身体素质和心理素质就会得到训练，进而会有一定的提升。当你真正地进入游戏中，你就会发现，游戏带给你的收获是巨大的。

　　你觉得自己哪方面的素质有待提升？如果需要提升，你觉得哪些方法更适合你？

第四章

场上风采：足球技术学练

带球飞奔，穿越球场，准确无误地将球控制在脚下后，或传递给同伴，或成功躲避对手的堵截，或潇洒射门，这都需要青少年熟练掌握各种足球技术。

　　足球运动技术丰富，动作要求高，青少年应认真对待、科学学练，以准确掌握技术动作，如此才能在场上对抗时临危不乱，高质量地完成技术动作，充分发挥自己的技术实力。

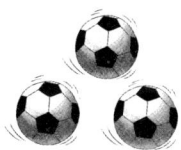

增强球感：颠球

各抒己见

细心观察高水平的足球运动员的控球你会发现，他们仿佛拥有魔力一样，在运球时总是能让球乖乖地跟在身边，在传接球和射门时也总是能灵活地控制球的飞行速度与角度，这是为什么呢？

刚刚接触足球运动的青少年应该如何快速熟悉足球呢？你知道青少年足球初学者通过哪些方法可以提高自己对球的控制能力吗？

足球球感，是足球学练者或运动者对足球的一种专业化的、敏锐的运动感觉，你可以简单地将足球球感理解为足球学练者或运动者对足球的熟悉程度和熟练控制程度。

要踢好足球，增强球感是重要前提，这对于青少年学练足球运动技术具有重要的帮助作用。

⚽ 认识颠球

颠球是足球运动的基础性技术，也是青少年增强球感、熟悉球性的有效方法。

颠球时，需要青少年用身体的有效部位连续、用力接触足球，使足球接触身体后连续不断反弹但不落地。

⚽ 常见颠球技术

★ 脚部颠球

脚是足球运动中球员触球的主要身体部位，用脚颠球能有效提高青少年的脚控球的灵活性，能为青少年进一步学练踢球技术奠定良好的技术基础。

正脚背颠球

脚内侧颠球

脚外侧颠球

大腿颠球

头部颠球

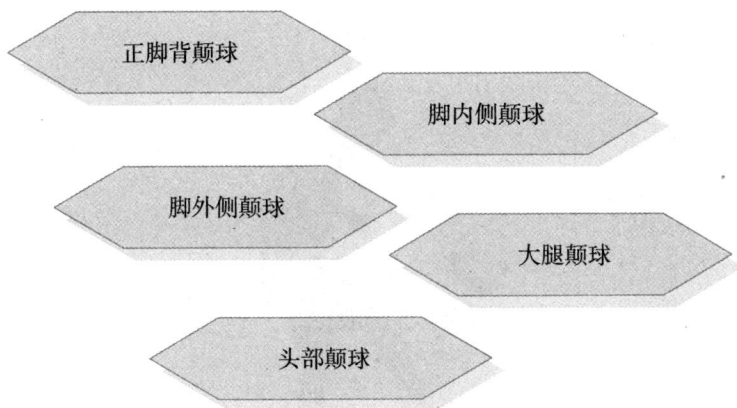

脚部颠球技术类型

用脚颠球要求青少年用脚部连续触球，可以双脚交替颠球，也可以单脚站立，另一只脚连续颠球。方法如下。

1. 正脚背颠球

正脚背（脚背正面）颠球的触球部位是脚背正面，触球的中下部。以右脚正脚背颠球为例，具体技术动作及方法如下。

左脚站立支撑，右腿先向后下方，再向前上方摆腿，用脚背正面击球。

击球瞬间，膝关节保持紧张，重复摆腿和击球动作，将球连续颠起。

正脚背颠球技术方法

正脚背颠球

2. 脚内侧颠球

脚内侧颠球的触球部位是脚部内侧，触球的中下部。以右脚脚内侧颠球为例，具体技术动作及方法如下。

> 左脚站立支撑，左腿膝盖微屈，右腿脚内侧斜向上摆，用脚内侧击球。

> 击球瞬间，右腿大腿保持紧张，小腿发力，反复摆击球的中下部，将球连续颠起。

脚内侧颠球技术方法

脚内侧颠球

3. 脚外侧颠球

脚外侧颠球的触球部位是脚部外侧，触球的中下部。以右脚脚外侧颠球为例，具体技术动作及方法如下。

左脚站立支撑，右腿屈膝、大腿向上抬起约与地面水平，用大腿的前三分之一部位击球。

控制抬腿高度，不宜过高或过低，用大腿触球的中下部，反复抬腿，将球连续颠起。

脚外侧颠球技术方法

脚外侧颠球

★ 大腿颠球

大腿颠球，以大腿触球，将足球连续向上颠起。可单腿连续颠球，也可双腿交替连续颠球。

左脚站立支撑，右腿屈膝、大腿向上抬起约与地面水平，用大腿的前三分之一部位击球。

控制抬腿高度，不宜过高或过低，大腿触球的中下部，反复抬腿，将球连续颠起。

大腿颠球技术方法

大腿颠球

★ 头部颠球

头部颠球是用头部触球，青少年对此应有了解，在熟练掌握上述
几种颠球技术的基础上可以尝试练习头部颠球，学练时要注意安全。

两脚开立，屈膝，仰头，用前额部位连续顶球的中下部，
将球连续颠起。

头部颠球技术方法

头部颠球

指点迷津

身体的有效部位

　　足球，顾名思义，就是以脚为主要触球部位的球类运动。根据足球运动比赛规则规定，在足球比赛中，球员的身体接触球时，有些身体部位触球是"有效"触球，有些身体部位触球则是"无效"触球。那么，这里的"有效"触球和"无效"触球是如何划分的呢？具体如下。

守门员：脚、头、胸均可触球；手或臂是身体的有效部位，可以触球（大禁区外不能用手接球）。

除守门员以外的其他球员：以脚为主，可以用头、胸部等部位触球；不能用手或臂触球。

释放激情：踢球

在足球运动中，踢球技术应用广泛，是青少年参与足球运动必须掌握的基础性技术，该技术要求青少年用脚将球踢出，脚踢球时触球的位置不同，技术动作方法不同。

正脚背踢球

★ 正脚背踢定位球

定位球，是指球员在指定的地点进行踢球的一种踢球方式，具体包括任意球、球门球、角球、点球等，可直接破门得分。

直线助跑，支撑脚停在球的侧后方，踢球脚绷直脚背，用鞋带部位击球后下部。

正脚背踢定位球技术方法

★ 正脚背踢反弹球

反弹球是指落地后反弹的球，在足球反弹的过程中可抓住时机用正脚背击球。

支撑脚及时停在球的一侧。在球刚刚反弹离地时，用踢球脚的脚背正面击球的后中部。

正脚背踢反弹球技术方法

★ 正脚背踢空中球

1. 正脚背侧踢半高球

面对半高的空中来球，要积极向来球方向移动，看准来球，选好击球点。

> 侧对出球方向，（向支撑脚一侧）倾斜上体，展腹，伴随摆腿踢球，身体向出球方向扭转。

> 踢球腿抬腿，由后向侧前方摆踢，大腿伸、小腿屈，腿部爆发式发力，用脚背正面击球的中部。

正脚背侧踢半高球技术方法

正脚背侧踢半高球

2. 正脚背凌空踢高球

如果来球较高，需要跳起在空中将球踢出，这时就可以采用凌空踢球技术应对来球。

面对空中来球，积极助跑，起跳，使身体腾空。

准确判断球的速度和方向，踢球腿大腿带动小腿用力摆踢，锁紧脚踝，击球的中部，避免将球踢飞。

正脚背凌空踢高球技术方法

指点迷津

多变的任意球

任意球是足球运动员在场上犯规后，在犯规地点重新开始比赛的方法，可以简单将它理解为一种罚球方法。

在不同情况下，任意球有不同的判罚要求和变化。

直接任意球：球员可直接射门得分。

间接任意球：球员不能直接射门，球进球门前必须被其他球员踢球或触球。

间接任意球直接踢入球门，判为球门球。

脚内侧踢球

★ 脚内侧踢定位球

看准球的位置，直线助跑，用脚内侧触球。

跑至球侧后方停下，支撑脚距球约10～15厘米，脚尖指向出球方向。

踢球腿以髋关节为轴用力前摆，脚踝外展，脚尖微翘，以脚内侧击球。

脚内侧踢定位球技术方法

脚内侧踢定位球

★ 脚内侧削踢定位球

削踢定位球时，支撑脚的动作基本同脚内侧踢定位球的支撑脚的动作，踢球脚在摆腿（不通过球心）的作用下以脚背内侧击球的后中部，击球瞬间向内转踝。

⚽ 脚外侧踢球

★ 脚外侧踢定位球

助跑、支撑脚位置、摆腿动作与脚背正面踢球相似，具体技术动作方法如下。

看准球的位置，踢球腿大腿发力后引腿，在踢球腿前摆时，膝关节内转，脚趾内扣，用脚外侧部位击球后中部。

直线助跑，支撑脚停在球的侧后方。

踢球腿用力前摆，膝盖内转，脚趾内扣，踢球脚用脚外侧部位击球的后中部。

脚外侧踢定位球技术方法

★ 脚外侧踢地滚球

地滚球是在地面滚动前进的球，与踢空中来球相比，这种球的杀伤力和冲击力都较弱一些。

踢球动作基本同脚外侧踢定位球，可轻松应对各种方向而来的地滚球，只是在踢球前，注意考虑球的滚动速度，给自己正好停下踢球留有发挥空间。

★ 脚外侧削踢定位球

脚外侧削踢定位球，有一个特殊的名字——香蕉球，这种踢球技术与脚外侧踢定位球相似，只是踢球脚在触球时是"削踢"，使球侧旋沿弧线运行。

需要特别提醒的一点是，踢球前的踢球腿在摆动时，摆腿方向不通过球心线。

有效接应：运球与传接球

🌐 运球

好的运球可能让球与球员共进退，青少年熟练掌握足球运球技术后，就能实现"人动球动，球随人走"。

★ 正脚背运球

正脚背运球是非常简单的运球技术动作，要求球员在正常跑动的情况下，用正脚背不断触球使球随人走。

保持正确跑步姿势，上体稍前倾，双腿交替迈进，双臂随摆，步幅适当。

运球触球时，运球腿屈膝，送髋，提踵，脚尖下指，用脚背正面击球的后中部。

正脚背运球技术方法

正脚背运球

★ 脚背内侧运球

脚背内侧运球可以将球很好地控制在身体近侧，有助于在运球的过程中保护球不被对手抢断。

无论原地起动还是跑进中，身体稍侧转，步幅小。

运球腿屈膝，踢腿，提踵，脚尖外转，脚背内侧正对运球方向，用脚背内侧推拨球。

脚背内侧运球技术方法

脚背内侧运球

★ 脚背外侧运球

保持正常的跑步姿势，以脚背外侧触球并使球向目标方向移动。在触球时可以利用脚腕动作快速改变脚背外侧方向，因此，是运球变向的常用运球技术方法。

正常跑动，上体前倾，步幅适当。

运球时，运球腿提起，屈膝，送髋，提踵，脚尖绕矢状轴向内旋转，用脚背外侧推拨球的后中部。

脚背外侧运球技术方法

脚背外侧运球

★ 运球过人

参与足球运动，一路运球到球门前顺利射门的情况很少，一旦球员获球后，必然会被对手盯上并遭遇围追堵截，因此，青少年学练足球有必要掌握运球过人技术，以便顺利运球。

看到对方（防守者）逼近，距对方约2米时，用远离防守者的脚控球，以保护球。

过人时，降低重心，可用假动作迷惑对方，然后突然快速拨、拉、扣、挑球或变向，快速摆脱对手。

运球过人技术方法

运球过人

⚽ 传接球

★ 传球

足球运动属于集体性球类运动，青少年在学练和参与足球运动时要建立集体意识，避免在场上"独自逞能"，要根据场上情况适时与同伴配合，灵活传接球，寻找有利战机。

良好的传球有利于与同伴完成既定的足球战术配合，还能有效化解自己控球的不利处境，传球时，要看准时机，果断传球，做到"快、稳、准"。

传球应快速、简练、及时

传球应注意隐蔽动作意图

传球应观察场上人员分布

避免横回传

传球注意事项

准备传球

★ 接球

在足球运动中，接球是同伴之间战术配合的重要环节，青少年要有接球意识、接球准备，做到心中有数。

集中注意力，接球有准备、有计划

接球时观察场上人员分布

尽量将球接到身前离脚不远

接球后注意保护球

接球注意事项

足球接球技术丰富多样，主要有以下几种。

1.脚部接球

用脚接球时，根据来球情况可以选择脚部不同的位置作为接球的切面，如正脚背、脚内侧、脚外侧。

看准来球（方向和速度），积极移动到位，支撑脚与来球方向正对，上体稍前倾，屈膝降低重心。

接球时，接球脚微上提，迎接来球，触球瞬间稍下压，缓冲球的反弹力量，把球接在脚前一段距离，以便于接下来的运球或踢球。

2.大腿接球

大腿接球的接球点比脚部接球的接球点高，当空中来球距地面有一定的高度，如来球为地平球、抛物线来球时，这时候的来球较近，来不及用脚接球，可以用大腿部位将球接到身旁。

支撑脚站稳，接球腿屈膝、抬腿、送髋，触球瞬间，大腿微收缓冲，并将球接至近身旁位置。

大腿接球技术方法

大腿接球

3. 胸部接球

胸部是人体的重要部位，胸部接球的触球面大，能有力阻断球的飞行，但存在一定的危险性，青少年在学练时要注意运动安全，初学者不建议贸然尝试。

挺胸式接球：屈膝，上体后仰，下颌微收，自然张臂；接球瞬间，快速蹬地、直膝、挺胸，胸部轻托球的下部使球微弹后降落到身旁合理位置。

收胸式接球：自然站立，两臂微张，先挺胸准备迎球，触球瞬间快速收胸、收腹、移臀，将球接在身旁合理位置。

胸部接球技术方法

119

胸部接球

4. 头部接球

当来球较高、球的落点距离自己较远而又必须阻断球的飞行时，可以选择用头部接球。

看准来球，准确判断来球速度和方向，身体正对来球，接球的时机在球下降至头部上方时。

接球时，提踵伸膝，下颌微抬，前额正面触球的中下部，触球瞬间屈膝、塌腰、缩颈，缓冲来球。

头部接球技术方法

头部接球

　　特别提醒青少年的是，头部接球需要科学掌握接球技术动作，并能熟练顺畅完成，这需要经过反复多次的练习，青少年足球运动初学者、技术不熟练者，一定不要在接球技术要领不熟悉、方法不准确的情况下冒险使用头部接球技术，以免造成头部损伤。

⚽ 特殊传球——掷界外球

掷界外球技术是足球运动中球员用手"传球"的一种方法，要求运动员按规则将球掷入场内。

关于掷界外球的相关要求，青少年应重点了解以下几点。

- 面向球场掷界外球。

- 在罚球线延长的界外区域掷界外球。

- 不得单手掷球。

- 不得故意拖延时间。

- 不能双脚起跳，否则转换球权（由对方掷球）。

下面具体来了解下掷界外球的技术方法。

★ 原地掷界外球

原地掷界外球是指球员站立在边线上或边线外的地上掷界外球。

> 屈膝，上体后仰，屈肘，持球的侧后部，将球置于头后。

> 掷球时，蹬地、直腿、收腹、屈体，两臂快速前摆，甩腕，将球从脑后经头顶掷入场内。

原地掷界外球技术方法

★ 助跑掷界外球

掷界外球前，两手胸前持球，在边线外助跑，当迈出最后一步时，上体后仰，举球至头后。

助跑掷界外球时的动作与原地掷界外球的动作相同。

勇往直前：抢截球

各抒己见

在足球场上，当对手球员默契配合、快速传接并运球直奔己方的球门时，你该如何扭转战局呢？

在对手球员强势进攻下，及时有效地阻截对方、破坏对方的战术计划非常必要，你认为在面对对方持球队员时应该如何阻截，甚至成功抢截球转守为攻呢？

足球场上，攻守情况瞬息万变，当处于防守状态时，作为防守队员，破坏对方进攻队员控球或将对方进攻队员控制的球争夺过来，就能变被动为主动，这便是足球抢截球技术。

⚽ 正面抢截球

★ 跨步堵抢

准确判断球的移动位置，当跨一大步能触到球时，后脚蹬地、前脚快速大跨步，用脚堵截运球者的球。

如果抢先对手一步成功堵住球，另一只脚要迅速上步踢球离开。

如果自己和对手同时堵住球，另一脚应快速上步支撑，抢球脚带球上提越过对手的脚，将球踢走或带走。

跨步堵抢

★ 铲球

抢球者接近控球者，膝微屈，重心下降。当控球者触球脚触球后

尚未落地时，双脚沿地面向球滑铲，随即用手扶地进行侧翻滚后起身。

同侧脚铲球

⚽ 侧面抢截球

★ 合理冲撞

侧面抢截球时，多采用合理冲撞的方式来阻断或破坏对方控球。

当有机会与对手并肩跑进时，可以考虑从侧面抢截球。

抢球时，降低重心，临近对手的手臂紧贴身体，当对方临近自己的脚离地时，用肘以上部位冲撞对手，趁对手重心不稳时控球带走球。

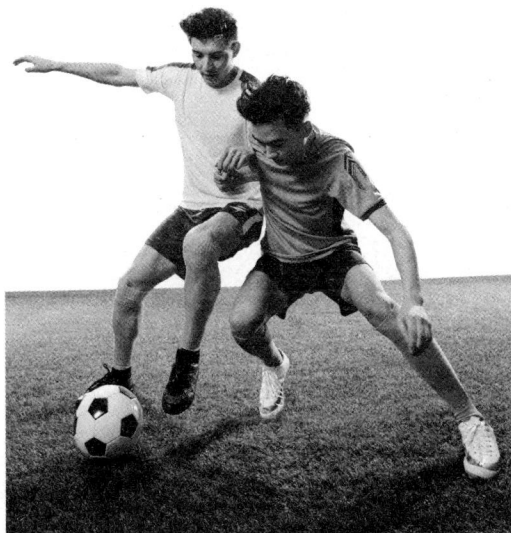

合理冲撞

★（异侧脚）铲球

当抢球者与对手都不能用正常的动作触球时，可以通过异侧脚铲球方式抢截球。

指点迷津

合理冲撞

足球运动中，为了得到控球权，球员之间难免会有身体接触和碰撞，这些情况不可避免，但同时为了规范球员的动作，于是便有了合理冲撞。

合理冲撞要求球员遵循以下规则。

- 冲撞的目的是抢球或控球。

- 冲撞时，向球跑而非以人为目标。

- 冲撞时，球在自己的可控范围内（1～2 米）。

- 冲撞时，手臂紧贴身体。

- 冲撞力量适当，不恶意撞击对方。

青少年应该充分认识到，既然是"合理"冲撞，就必须把握好冲撞的"度"，不能恶意伤害对方球员。

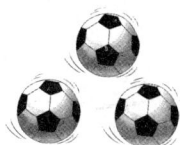

时空优势：头顶球

头顶球，顾名思义，就是用头部去击球，使球向目标方向飞行。对于足球运动员来说，头顶球技术能帮助球员在球的高空飞行过程中将球拦截，以转换控球的时空优势。

足球头顶球技术是一种对球员体能、技术都要求较高的足球技术，也是一种非常酷炫的足球技术，青少年足球学练者对该技术应有基本的了解（但不要盲目尝试使用）。

常见足球头顶球技术有以下两种。

前额正面头顶球

前额正面头顶球具体可分为两种，即原地头顶球和跳起头顶球。

自然站立，屈膝，当球飞行到（球的抛物线顶端）垂直于地面的垂线时，上前迎球。

顶球时，蹬地、收下颌，颈部突然振摆，用前额正面顶球的中部。

前额正面原地头顶球技术方法

积极移动到位，看准来球，一腿蹬地、起跳，另一腿屈膝、上摆，两臂屈肘，身体蓄力。

顶球时，下颌微收，颈部爆发式用力振摆，用前额正面顶球的中部。

前额正面跑动跳起头顶球技术方法

⚽ 前额侧面头顶球

原地或跑动中，在空中来球飞行方向的侧向，可以采用前额侧面头顶球技术将球击出。

自然站立，屈膝，看准来球，准确判断球的飞行方向与速度，随时准备上前迎球。

屈膝、蹬地起跳，起跳后，上体先向出球的反方向侧摆，再在身体腾空最高点摆向来球，甩头、扭颈，前额侧面顶球的后中部。

前额侧面跳起头顶球技术方法

前额侧面跳起头顶球

 百步穿杨：射门

 射门要点

　　射门前，仔细观察场上人、球的空间分布和移动，准确判断来球的速度、落点，观察防守队员的位置，预判对方守门员的移动意图。

　　射门时，角度准确，行动迅速，动作果断，突然射门。

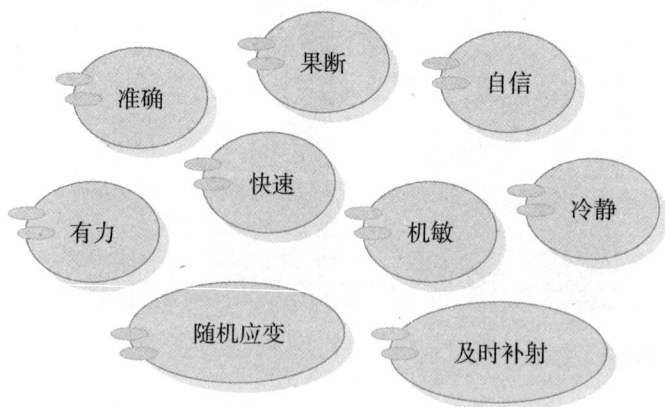

射门要点

⚽ 常见射门技术

射门的目的是将球击入对方的球门得分，只要是身体的合理位置击球射门，都是有效的射门。具体包括以下几种技术方法。

- 脚部射门：正脚背射门、脚背内侧射门、脚背外脚射门、脚弓射门、脚尖射门。

- 小腿（弹射）射门。

- 头球射门。

- 胸部顶球射门。

133

一夫当关：守门员技术

在足球运动中，守门员虽然不在场地中央与其他同伴一起进行场上拼抢，却身兼重任——守护本队的球门，不让对手射门得分。

守门员在门前守卫时，应根据场上球的移动随时调整站位，一般应站在射门点与两门柱形成的角平分线上，方便随时向门前的各个方向移动，在前后站位上也要根据对方踢球射门位置的远近及时调整。

在站姿上，建议两脚开立，屈膝，提脚跟，随时待命，随时行动。

接球

★ 接地面球

一般来说，地面球对守门员的冲击力不大，但守门员不可掉以轻心，应及时上前迎球、阻断球的行进，以免球滚进球门。

跪撑式接球：看准来球，球行进方向的同侧腿屈膝，另一腿跪撑，两腿间距小于球的直径，两手掌心向上迎球，触球后抱球入怀。

直腿式接球：看准来球，弯腰，直膝，两腿开立，腿间距小于球的直径，两手掌心向上迎球，触球后抱球入怀。

接地面球技术方法

★ 接高空球

面对高空来球，守门员要及时上举手臂接球，必要时应跳起并伸臂阻挡来球射入球门。

看准来球，及时移动，双臂上伸迎球。

双手拇指相对呈八字形，双手呈球窝状，掌心对球。

在跳起的最高点触球，触球瞬间，手指、手腕稍用力以缓冲来球，屈肘，双手抱球下引，胸前持球。

接高空球技术方法

⚽ 托球与击球

托球和击球是守门员常用技术，通过托球和击球给来球一定的阻挡力量，使球突然停止并向上、侧向弹出，由此化解射门危机。

托球时，尽量用近球侧手臂迎球，触球瞬间仰腕，掌跟发力将球托出。

击球时，屈肘，握拳，及时跑进或起跳，（单手）拳面触球，将球击出。可单手握拳击球也可双手握拳相拢击球。

⚽ 扑球

当来球距离较远、飞行高度较低时，为了在球门前快速及时阻断来球进门，可采用扑球技术。

倒地侧扑：异侧脚蹬地，同侧脚屈膝跨步，上体侧倒，双臂前伸迎球，以手掌挡压控球，触球后迅速起身。

腾空侧扑：积极移动，同侧脚上步、蹬地，身体水平腾空，两手呈球窝状挡握控球，触球后迅速起身。

扑球技术方法

扑球

温故知新

　　青少年学练和参与足球运动，必须打好技术基础。

　　有很多青少年认为，参与足球运动只要会将球踢动就行，其实并非如此，足球技术内容丰富、方法多样，虽然入门简单，但要准确和熟练掌握各项足球技术的动作要领并流畅完成，并不是一件容易的事情，欲速则不达，青少年应认真对待、反复学练。

　　对于足球初学者来说，应尽量从简单、易理解和掌握的基础足球技术开始学练，对于自己把握不准的技术动作一定不要贸然尝试，以免受伤。

第五章

实力比拼：足球战术学练

足球运动对抗中，既需要充分发挥个人战斗实力，也需要集体的默契配合，足球场上的战术较量，是体能与技能、生理与心理、个人与团队的综合较量。

　　足球运动总是充满了不确定性，这正是足球运动的魅力所在，青少年参与足球运动，熟悉掌握不同运动战术策略与方法，并在运动实践中灵活运用，或攻或守，或带球射门，或穿插配合，以超强的战术实力应对场上形势的变幻莫测，如此才能真正体会到足球运动带来的无限乐趣。

场上位置

各抒己见

足球运动中，不同的球员肩负着不同的场上职责，队员之间相互配合，在不同的位置有序开展防守或进攻，这样就能最大限度地在场上争取控球的主动权。

当你第一次站在球场上正式参与足球对抗时，结合自身的战术实力和在球队中的运动水平、场上职责，你认为自己应该站在球场的哪一个位置或区域呢？足球场上的不同站位究竟有哪些讲究呢？

认识前场、中场与后场

与其他常见球类运动相比，足球运动场地大，球员在场上的移动范围

更广。沿着足球场地的长边进行三等分平分，可以将足球场地分为前场、中场、后场三个区域，不同区域，球员职责不同，战术策略也不同。

足球场地的不同区域划分

对于一个足球队来说，进攻的半场为本队的前场，防守的半场为本队的后场，球场中间的区域就是中场。

上述对足球场地的不同区域划分，是单纯基于球场面积对场地的简单划分，青少年足球运动学练者必须充分认识到，在实际的足球运动对抗或比赛中，前场、中场、后场的区域会随着场上对抗或比赛形

势的变化而发生变化。

当球队进入进攻状态时，区域线就会向前移动，前场进攻区域缩小，后场防守区域扩大。

当球队进入防守状态时，区域线就会向后移动，前场进攻区域扩大，后场防守区域缩小。

⚽ 场上位置不同，职责不同

足球是一项集体性球类运动，在一场 11 人制足球比赛中，不同球员在足球场上具有不同的职责。下面详细来了解一下不同队员的具体场上位置与职责。

清道夫：肩负防守职责，在整个足球场上的活动区域很大，"哪里需要就出现在哪里"。

中后卫：担任防守职责，不参与进攻。主要在后场活动。

边后卫：防守球队禁区外侧，四级进攻、补位（充当中后卫）。

后腰：承担本方半场内的防守职责，较少参与进攻。

中前卫：肩负平衡球队中场职责，承接前场、中场、后场，或攻或守，在球场中圈附近活动。

边前卫：承担中场侧边区域的防守职责，可进底线传中，进攻穿插；可退回本方禁区外侧，防守突围。

前腰：肩负进攻职责，自己进攻或协助队友进攻。

中锋：肩负进攻职责，主要在对方禁区内活动。

边锋：在对方禁区底线外侧活动，伺机进攻、协助突破。

前锋：负责射门得分。

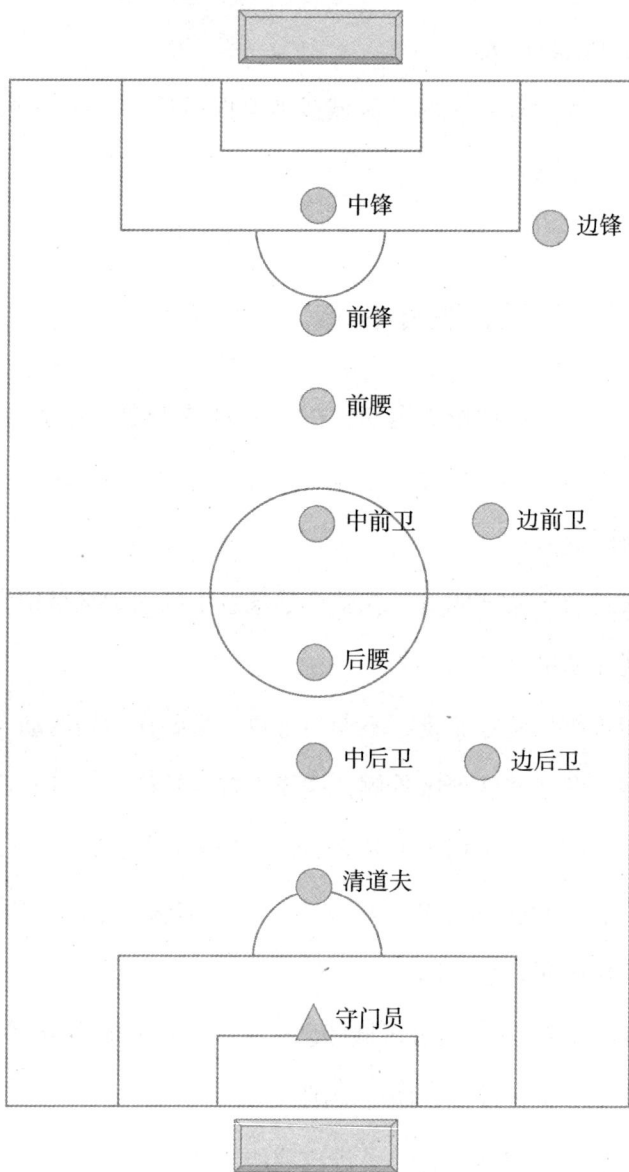

足球场上位置

前场	中锋、边锋、前锋、前腰
中场	边前卫、中卫、后腰
后场	中后卫、边后卫、清道夫、后卫

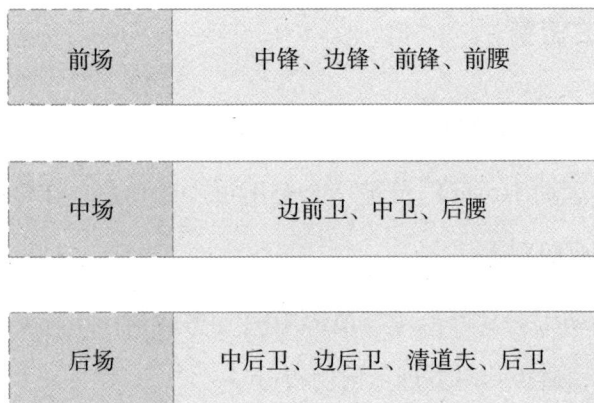

足球区域与球员位置

指点迷津

丰富的足球场上位置

青少年应该充分了解足球场上位置，这有助于青少年在参与足球运动的过程中，快速找到自己的位置，履行自己的职责。

足球场上位置有很多，除了上文中列举的几个"主要场上位置"，还有一些在"主要场上位置"周围的场上位置。比如，中后卫两侧的左后卫、右后卫；后腰两侧的左后腰、右后腰；前腰两侧的左前腰、右前腰；前锋在中轴线位置可以叫中前锋，在它的两侧还分别有左前锋、右前锋等。

此外，足球运动中还有一些特殊的场上位置，如清道夫、影子前锋。这些场上位置可谓是"职如其名"，清道夫如上文中所说负责在场上清除攻守障碍；影子前锋位于前锋、前腰之间，位置比较灵活，主要负责穿插换位、突破、传球等。

⚽ 守门员位置

很多球类运动都设有守门员，如足球、冰球、水球、曲棍球等，在这些球类运动中，守门员是一个必不可少的角色，在整个球队中承担着非常重要的职责。

足球运动中，守门员是球队的最后一道防线，主要职责是守卫本球队的球门，避免让对方球员射门得分。

足球守门员主要在球门区活动，可根据场上情势变化随时调整自己的站位。

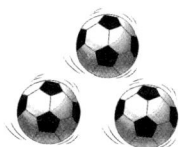

足球阵型

各抒己见

足球场上，球员们为了争夺场上控球权积极奔跑，有经验的球迷和足球运动者深谙足球阵型的重要性，不同的足球阵型对不同足球战术的实施有重要的影响。

面对足球场上四处奔跑的球员，你能观察并注意到不同球员的活动区域范围和奔跑规律吗？在你所知道的明星球队中，球队常用的足球阵型有哪些呢？

足球运动场地大、人数多，有序组织进攻和防守并不是一件简单的事情，于是各种足球阵型应运而生。

不同的足球队有不同的战术风格与打法，球队可以根据自己既定的战术计划来选择、布置阵型，以更好地实施战术，在足球场上占据

主动地位。

足球阵型丰富多彩，这里重点来了解一下以下常见的足球阵型。

⚽ "一一九"阵型

"一一九"阵型（包括守门员位置）是一种早期的足球阵型，这种阵型的特点是强调进攻，只设一名防守队员。

该足球阵型忽视防守，实战效果不是很好，也不利于培养球员的战术意识，因此，在出现后不久就被淘汰了。

⚽ "一二三五"阵型

足球规则、足球技术、足球战术三者相互影响，"一二三五"阵型（包括守门员位置）正是在足球技术快速发展的基础上发展而来的。

"一二三五"阵型注重进攻战术的实施，强调场上局部区域的传球配合，在传球配合的基础上，中前卫主要负责进攻，边前卫主要负责防守。

⚽ "一三二二三"阵型

"一三二二三"阵型（包括守门员位置）又称"W－M"阵型，和上述两个足球阵型相比，注重攻守平衡，是一个比较合理的足球阵型。

"一三二二三"阵型强调防守应牢固，以防守制约进攻，在足球比赛中应用广泛。

⚽ "一四二四"阵型

"一四二四"阵型（包括守门员位置）中有四个后卫、四个前锋，在保持较强防守实力的基础上，具有较强的进攻性。

具体来说，在"一四二四"阵型中，后卫负责防守；前锋负责进攻；两前卫积极策应进攻，防守时回拦堵截。

攻守兼顾、攻守平衡是"一四二四"阵型的优点，同时，"一四二四"阵型也存在明显的缺点，即中场实力薄弱，要弥补这一缺点，锋线及卫线的球员应注意对中场的策应。

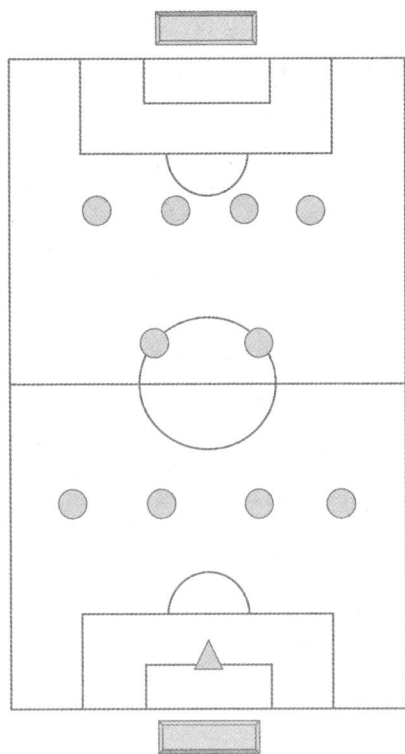

"一四二四"阵型

⚽ "一四三三"阵型

在加强"一四二四"中场实力的基础上，"一四三三"阵型（包括守门员位置）应运而生，这一足球阵型将一名边锋撤回中场，中场实力增加，阵型紧凑、不松散，能更加灵活地适应场上攻守情势的变化。

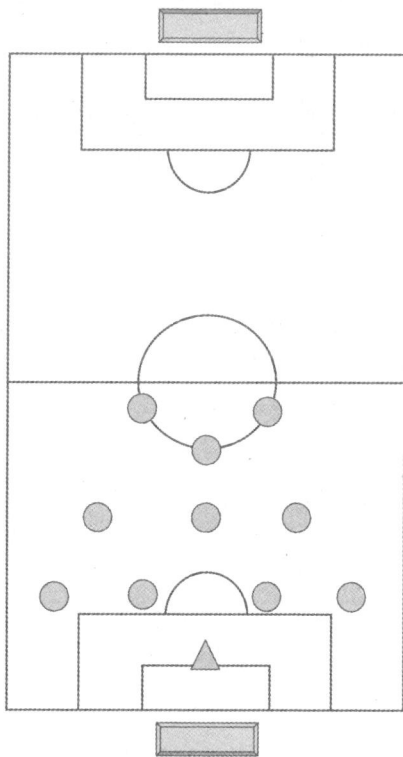

"一四三三"阵型

⚽ "一四四二"阵型

"一四四二"阵型（包括守门员位置）是利用中场和后卫频繁套边、

威胁门前的强调进攻的足球阵型，该阵型的战术打法简介如下。

进攻时，边锋主要负责拉大距离，释放中场空间，内前卫伺机插入禁区，争取射门得分；或者配合组织快攻，长传快下，直逼门前，射门得分。

防守时，强调队员积极跑动、协调配合、及时回位、密集防守。

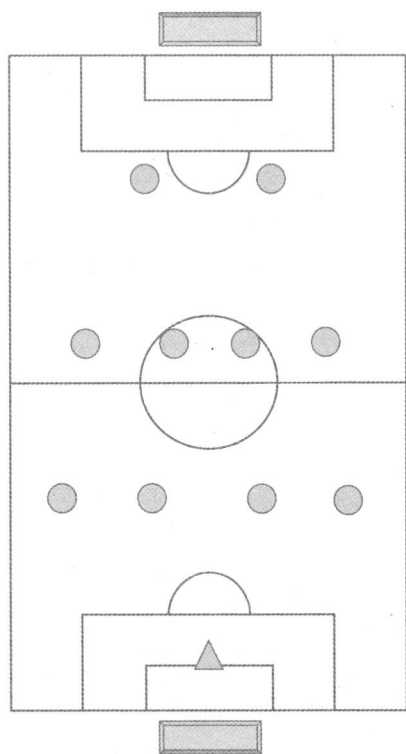

"一四四二"阵型

⚽ "三五二"阵型

"三五二"阵型是一种比较常见和普通的足球阵型，这种足球阵型

强调中场控制的重要性，以中场控制全局，对后卫防守能力具有较高的要求，一般适用于强队遇到弱队的情况。

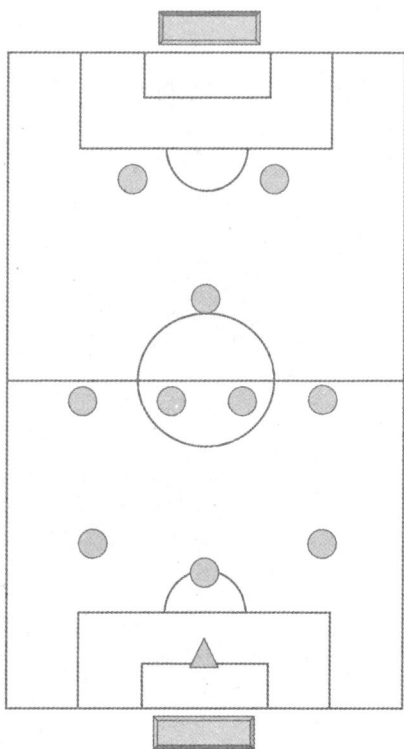

"三五二"阵型

⚽ "四二二二"阵型

"四二二二"阵型的攻防比较灵活机动，是很多足球队会使用到的足球阵型。

"四二二二"阵型的重点在双前腰、双后腰，要求不同球员职责明确，采用盯人的方式进行防守，同时，不同位置的球员相互配合默契，或助攻，或回防，或接应与支援，根据比赛需要，不断创造射门机会。

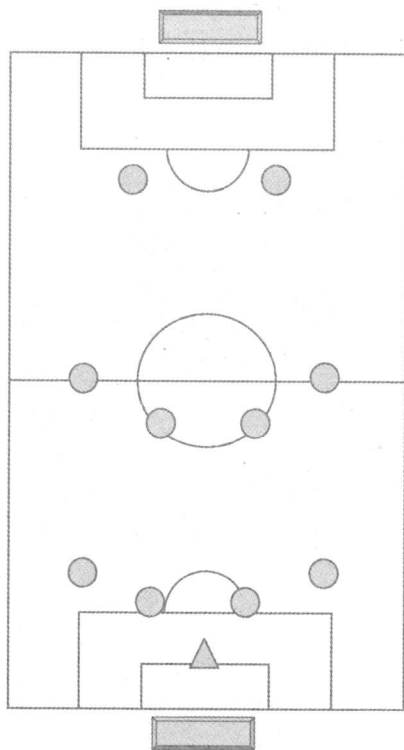

"四二二二"阵型

"四三二一"阵型

"四三二一"阵型是一种圣诞树式足球阵型，队员之间的攻防配合

比较紧密，能最大化地发挥球队整体作战优势。

具体来说，"四三二一"阵型实施具有以下特点。

进攻时，主要依靠前锋突发、边锋进攻，实现抢点射门。

当攻转守时，紧紧盯防对方控球队员，中场施压。

从守转攻时，适时压上助攻，边锋内切、下底。

丢球时，迅速组织阻抢，拖慢对方进攻速度。

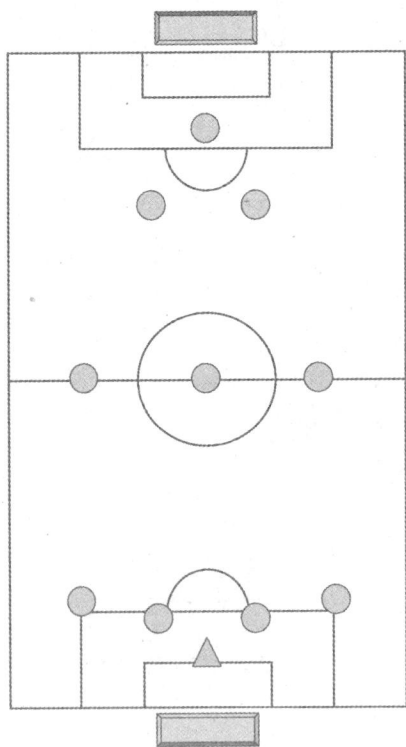

"四三二一"阵型

⚽ "四二三一" 阵型

"四二三一" 阵型在当前足球比赛中的使用概率比较高，可以说是一种比较主流的足球阵型，这一阵型中不同球员的具体职责如下。

前卫队员在边路活动，进攻时，积极压上中场、进攻边路；防守时，随时准备后撤到边后卫位置。

前锋队员重点在中路活动（拉插、扯动），争取制造传球空当。

后卫队员做好防守，及时助攻。

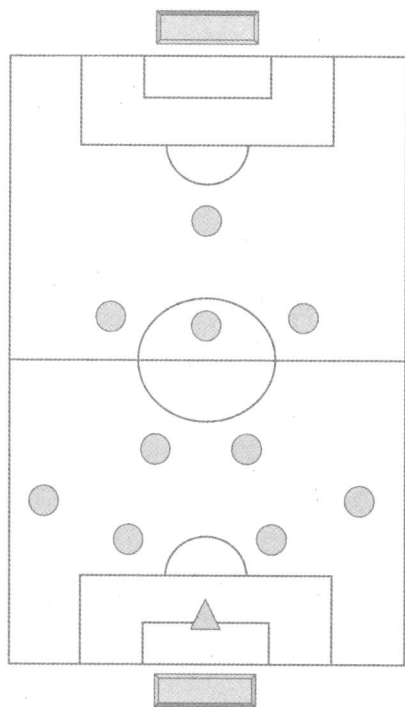

"四二三一" 阵型

　　随着足球运动技术、战术、规则等的不断发展，足球阵型也会相应地发生变化，青少年参与足球运动，应熟悉常见足球阵型。

　　此外，青少年足球爱好者和学练者还应该充分认识到，足球阵型在足球实战中的应用不应该是机械的、不可变动的，而应根据场上情势变化和战术需要机动灵活地进行调整。

进攻战术

足球运动具有激烈对抗性、比赛节奏快、场上情势多变、攻守统一、个人与集体相辅相成等特点，这些特点决定了在足球运动对抗练习和比赛中，青少年必须始终关注足球战术的实施，掌握比赛主动权，争夺时空优势。

从个人进攻，到局部配合，再到整个球队默契协作，青少年学练足球必须掌握足球进攻战术。

⚽ 个人进攻，尽展风采

★ 跑位

青少年在足球运动中施展个人进攻战术，积极、准确的跑位是基础，如果跑位不正确、不及时，那么再好的体能、技能也无法发挥出来。

青少年应高度集中注意力，时刻关注场上变化，结合场上人、球的变化积极跑位，为自己和同伴争取进攻机会。

青少年在日常足球学练中，可以有意识地进行跑位练习，尤其要积极开展全场跑位练习。

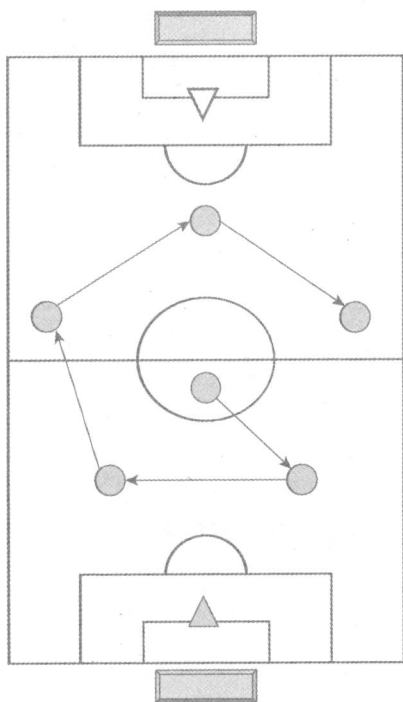

跑位练习（可进行多种变向变位跑动）

★ 传球

传球是青少年足球学练者应掌握的基本足球技术，同时它也是一种重要的足球战术。迅速准确的传球能为自己或同伴创造射门机会，

也能为本方球队抢夺时空优势奠定基础。

★ 运球突破

成功的运球突破能让你始终拥有控球权，在场上始终占据主动，在足球个人进攻战术中应用广泛，其多适用于以下情况。

（1）获球后，暂时没有射门、传球机会时。

（2）获球后，遭遇对方球员的逼抢、堵截时。

（3）运球期间，进攻三区内有防守队员时。

（4）运球期间，同伴处于越位位置时。

突破时，动作应果断、迅速、及时，注意保护球。突破时的动作意图不要太明显，避免被对方提前预判抢截球，可以尝试用假动作迷惑对方。

★ 射门

射门是足球运动的目标，也是足球运动的终极战术，青少年在参与足球对抗和比赛的过程中，要始终具有射门意识，一切跑位、传球、突破都要为最终的射门打基础。

青少年要成功射门、提高射门进球概率，应注意以下几点。

（1）提高射门意识。

（2）时刻观察场上情况。

（3）把握射门机会。足球场上情势瞬息万变，机会稍纵即逝，有了射门机会一定要把握住。

（4）射门前，注意保护脚下的球。

（5）射门时，注意场上人员变化，判断球的落点，选好射门角度、力度、落点，果断出脚射门。

（6）射门后，迅速投入场上比赛。

指点迷津

什么是帽子戏法

帽子戏法并非足球专属，而是被广泛用于体育比赛领域。

相传，在板球运动中，有球员连续 3 次击中门柱得分被奖励一顶帽子，这就是帽子戏法的最初由来。

后来，帽子戏法成为足球运动中的名词，指一位球员除了点球大战中的进球以外，在一场足球比赛中，3 次将球踢进对方球门。

⚽ 局部进攻，组织有序

参与足球运动，怎么能少了同伴之间的相互配合呢！在面积不算小的足球场地上，有时对抗双方对控球权的争夺会集中在某个区域，在局部区域产生激烈争抢。

要想在局部区域的集中对抗中成功获得控球权，就要集中一部分队员的力量开展局部进攻，争取能始终拥有控球权，并有机会持续向前逼近。这里重点介绍以下几种适合青少年足球初学者的局部进攻战术方法。

★ 交叉掩护配合

两名球员相互配合，一人运球，一人掩护，两人形成交叉之势。
战术实施方法具体如下。

（1）运球者快速向目标方向运球跑进，途中遇到对手堵截。

（2）与运球者邻近的队友及时插上作掩护者，用身体掩护队友，
阻止对手干扰运球或抢球。

（3）运球者在同伴的掩护下快速突破。

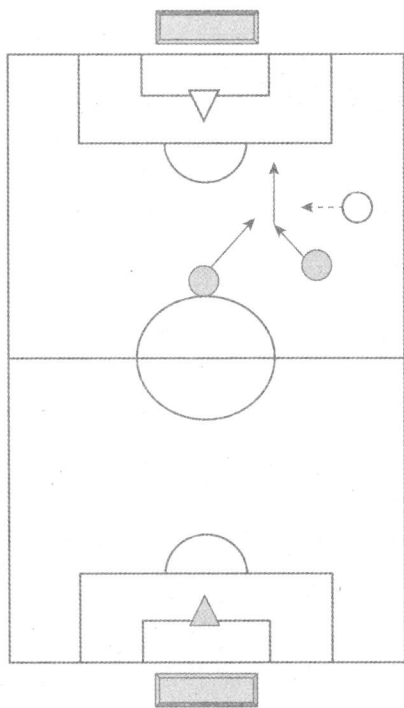

交叉掩护

★ 传切配合

两名球员相互配合，一人运球，一人掩护，旨在推进进攻。常见战术实施方法如下。

（1）直传斜切——运球者直线传球，队友斜切配合。

（2）斜传直切——运球者斜线传球，队友直切配合。

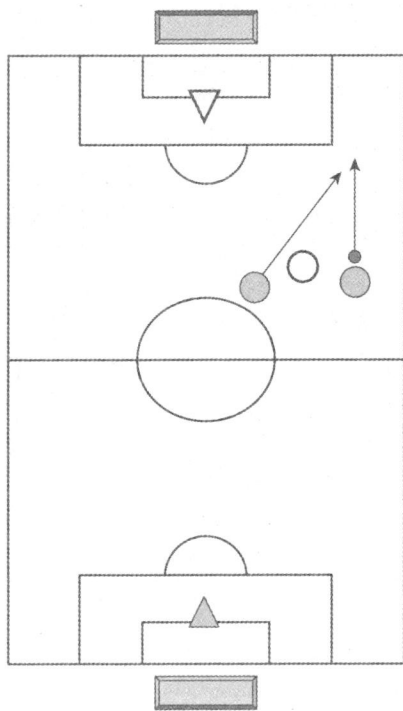

直传斜切

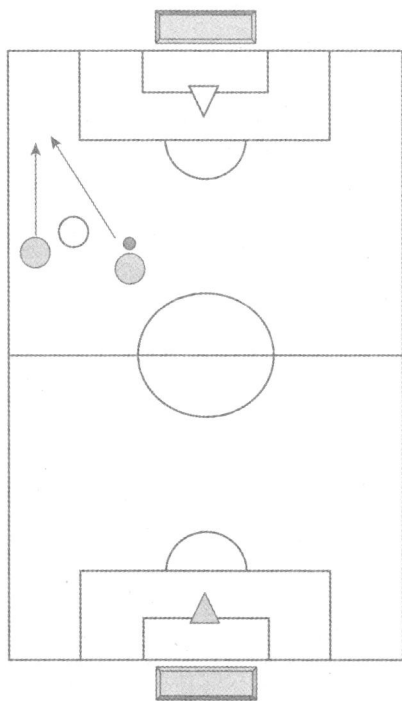

斜传直切

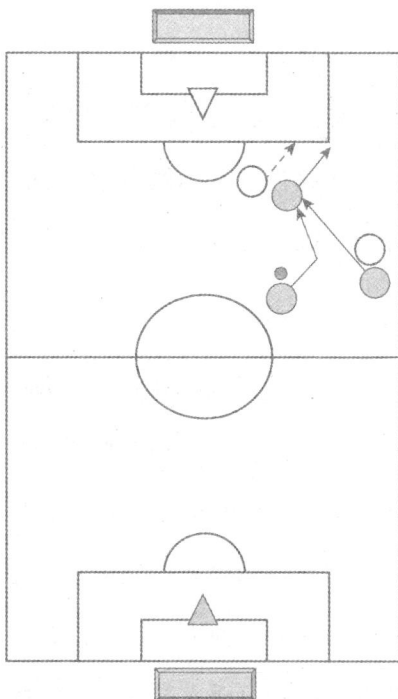

三过二配合

★ 三过二配合

三名球员相互配合，一人运球，两人掩护。

战术实施过程中，三个队员采用三角形站位，彼此配合，穿过对方两名防守。

⚽ 整体进攻，实力强劲

★ 阵地进攻

1. 边路进攻

边路进攻，又称"边线进攻""侧翼进攻"，是一种在对方半场的边路区域内开展的整体进攻战术。

边路进攻战术能有效分散对方中路防守，制造中路空当，有助于球员伺机射门得分，需要球员有较强的射门能力。

2. 中路渗透

在足球运动的不同发展阶段，球员们对中路渗透有不同的看法，有很多球员认为，在边路进攻更容易出奇制胜；也有球员认为，中路才是场上拼抢的重点区域。本书认为，边路可出彩，但中路不容忽视。

中路渗透需要持续推进，根据进攻发起位置的不同，中路渗透可以分为以下几种进攻方法，具体可视场上情势决定：在前场发动进攻，前锋、前后卫插入进攻；在中场发动进攻，前卫短传配合、突破防守；由后卫在后场发动进攻。

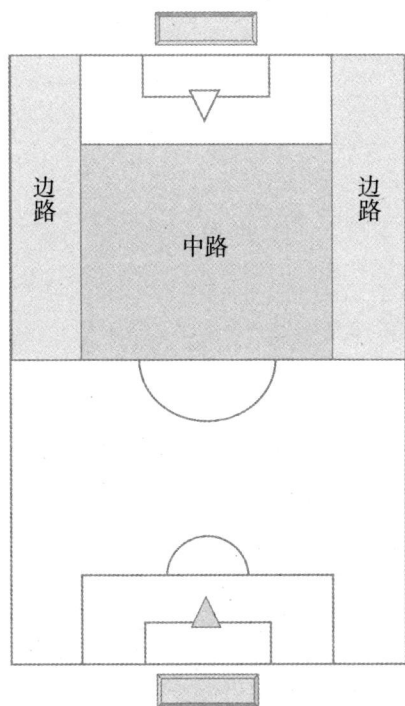

中路、边路进攻区域

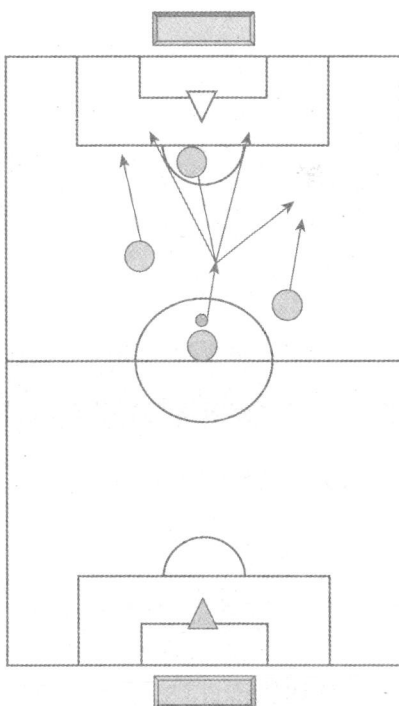

中场进攻（中路渗透）

165

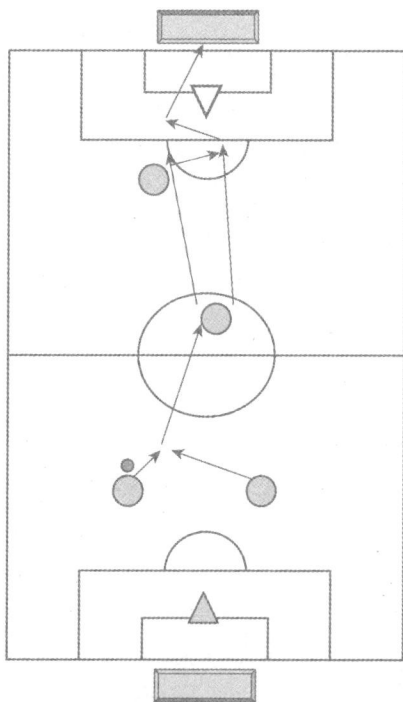

后场进攻（中路渗透）

3. 中边转移

当双方球队实力相当、场上情势焦灼、对抗双方在中路僵持不下时，可以考虑另辟蹊径，将控球权的争夺有意识地从中路转移到边路，尝试从边路进行突破。

★ 快速反击进攻

快速反击进攻，简称"快反"，旨在利用对方球队由攻转守的时间差快速组织进攻，将进攻的场地和节奏推至对方半场，并争取门前射

门得分。

　　快速反击进攻主要包括中路突破、中边转移、边路传中等常见战术方法，无论哪种战术，在实施时都要强调进攻的"快节奏"。

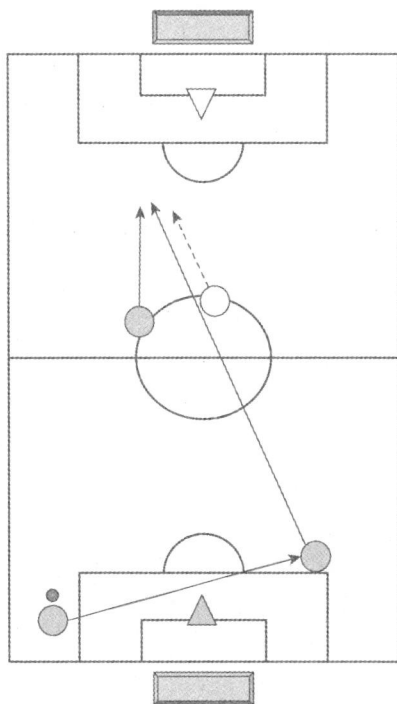

整体进攻配合（中路突破）

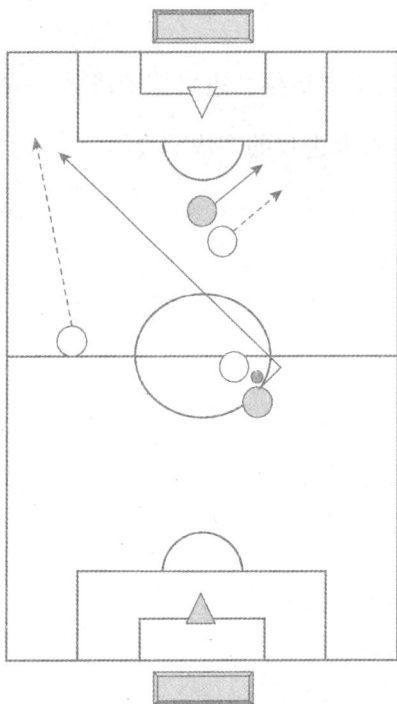

中后场直传边路突破（中边转移）

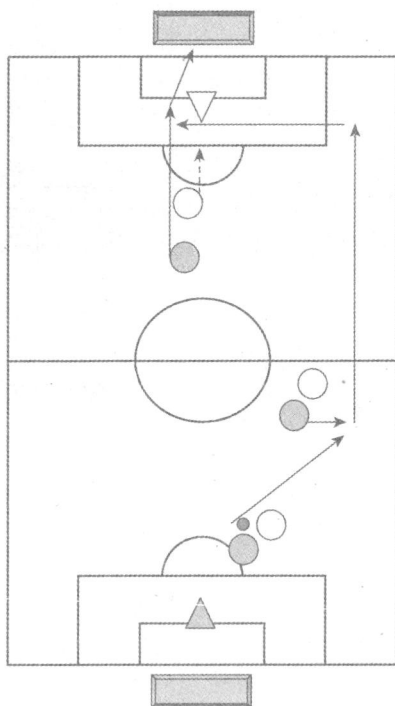

个人突破（边路传中）

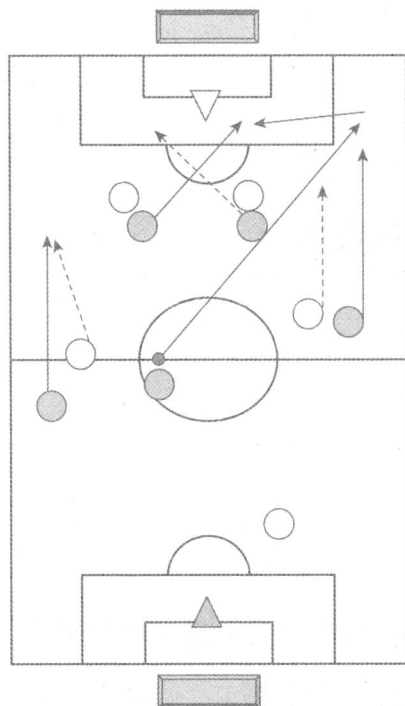

配合突破（边路传中）

防守战术

足球场上，有进攻就有防守，进攻和防守是相辅相成的，有很多青少年足球学练者初次上场比赛就一味追求进攻、忽视防守，一旦遇到对手组织进攻或反攻就束手无策，这显然是防守战术能力和经验不足的表现。

青少年足球学练者应正确看待足球进攻与防守，二者不可偏废其一，防守和进攻一样重要。下面重点了解以下常见足球防守战术及其具体实施方法。

⚽ 个人防守，森严以待

★ 选位

个人防守的选位，其作用与个人进攻的跑位类似，可以说，选位

正确，防守就成功了一半。

青少年足球学练者在场上防守时，要有较强的防守意识，应做到以防守本方的球门为准，在选位上，以防对方控球队员、盯人防守为主，同时，兼顾场上人、球变化，随时调整自己的位置。

★ 盯人

在进行防守盯人时，青少年应充分认识到，既要紧盯对方控球队员，又要紧盯对方其他区域和其他位置准备插上、接应的队员。

具体来说，青少年应学会根据自己的场上位置、同伴的场上位置、本方球队的既定战术计划等有针对性、有侧重点地盯人。

★ 断球与抢球

青少年在参与足球对抗或比赛中，如果与对方控球队员"狭路相逢"，要勇敢上前阻断对方继续带球前进或准备传球，以此来切断对方的进攻路线、阻断对方进攻计划。

当与对方控球队员近距离接触时，要看准时机，果断上前将球抢下，抢下后注意护球，或传球给同伴，立刻组织发动反攻。

如果不能成功抢到控球权，应尽力干扰对方的运球、传球，这样也可以打乱对方的进攻节奏，为本方球队争取反攻机会。

⚽ 局部防守，步步为营

★ 补位

足球防守补位应坚持"有层次、有纵深"的基本原则。

不同球员分布在足球场上，场上位置是固定的，但是球员在不断地跑动。例如，当同伴堵截对手时，他的位置出现空缺，而对方球员"趁虚而入"时，要及时补位。确保本队球员能在各个区域、前后有序地组织防守，不让对方有可乘之机。

★ 保护

足球场上，同伴协作必不可少，当同伴逼抢对手球员时，对方球员必然不会静止不动，同时对方球员的同伴也会积极"支援"，这时要及时跑动到位，做好保护工作，一方面，让同伴能毫无顾虑地奋力逼抢对手，另一方面，在同伴被突破后能及时采取行动。

作为保护队员，与同伴保持"适当的距离"，既要给同伴留有发挥空间，同时也要确保能在同伴防守失败后及时补上。这个"适当的距离"会根据足球场区不同而有所区别。

（1）在中前场实施保护，保护者与同伴之间应相距4～8米。

（2）在后场实施保护，保护者与同伴之间应相距3～5米。

★ 围抢

青少年参与足球对抗或比赛，一定要有战术意识，要学会"取

巧"，学会在局部"以多打少"，形成围抢之势，伺机将控球权从对方球员手中抢夺过来。

具体来说，当在场上遇到以下情况时可实施围抢。

（1）我方人数多、距离近，兼具人数和空间优势时。

（2）对方人数少、进攻节奏慢时。

（3）对方控球队员重心不稳时。

（4）对方控球队员"孤身"进攻时。

（5）对方控球队员在边角区域，其同伴接应困难时。

整体防守，创造转机

足球运动中的整体防守，旨在发挥团队作战力量，扭转战局、创造转机，常见战术类型如下。

人盯人防守：每一个防守队员"一对一"防守对方对应队员，时刻观察和跟随对手移动。

区域盯人防守：每一个防守队员防守"固定的一块区域"，一旦有对手球员闯入这块区域，积极防守，限制对手进攻，确保区域安全。

混合防守：综合人盯人防守与区域盯人防守，以防人为主，兼顾区域安全。

定位球战术

各抒己见

足球运动场上情势变幻莫测，经常遇到有"死球"的情况，这时就需要重新开赛，这也就意味着两队球员将中断之前的战术计划与行动，需要重新展开对抗，场上情势将迎来新的变化。

那么，从"死球"到"重新开赛"，如何把握好这一机会争取时空主动呢？这就需要用到定位球战术了。你知道定位球战术都包括哪些具体战术方法吗？它们有什么特点呢？

角球战术

★ 角球进攻

角球进攻，主要是利用球的特殊角度来组织进攻，可短传可长传。

短传角球，速度快，可在短时间内形成队员集结优势，非常适用于青少年足球运动初学者。

长传角球，范围广，可与同伴形成有效配合，长传给同伴，能以迅雷不及掩耳之势让球直逼对方门前，由同伴射门得分。

★ 角球防守

防守角球时，需要同伴之间默契配合，各司其职，全线压上，给对方施加压力，并有效限制对手进攻。

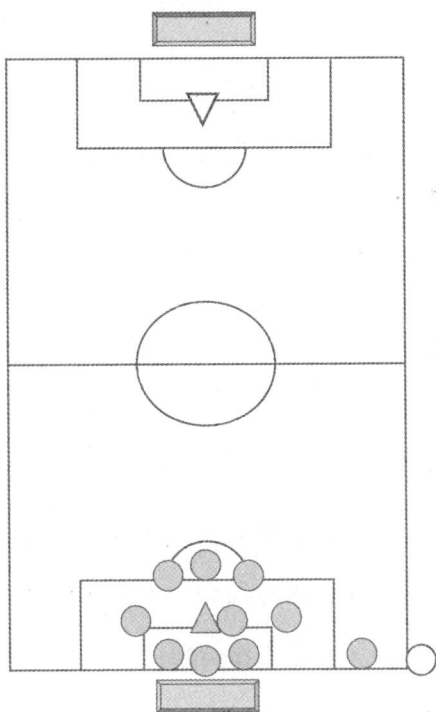

防守角球时球员的合理站位

⚽ 任意球战术

★ 任意球进攻

根据不同进攻区域，任意球进攻战术采取的具体方法不同，下面来了解以下两种具体方法。

1. 罚球弧区域的任意球进攻

我方在前场罚球弧区域获球，防守方以"人墙"封堵球门，这时，我方可绕过人墙，或越过人墙下旋的弧线球射门。

射门时，尽量挡住守门员视线，使其守门失败。

2. 罚球区角及两侧的任意球进攻

我方在罚球区角及两侧区域获球，可直接射门，或传球后由同伴射门。

★ 任意球防守

1. 人墙防守

任意球防守时，罚球地点不同，人墙分布不同。一般来说，球门两侧应站 2～3 人；球门底线斜对 45 度应站 3～4 人；球门正前方应站 5～6 人。高球员在外侧，矮球员在内侧。

此外，在组织人墙时，注意不要遮挡守门员的视线，以免其看不清来球而延误接球或扑球。

2. 关键区域控制

针对关键区域、罚球弧内的球，应合理控制防守区域，具体如下。

（1）防守罚球弧区域的球，应控制和封锁球门区线与罚球区线间的区域，面积约 18 米 ×11 米。

（2）防守罚球区角的球，控制和封锁的空间比罚球弧区域的球的面积要大一些，面积约 30 米 ×11 米。

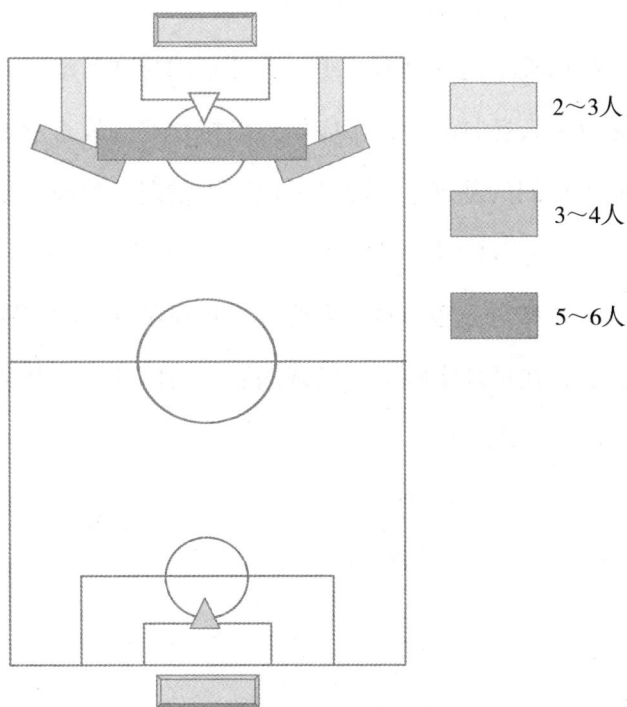

人墙防守球员人数分配

2~3人

3~4人

5~6人

🌑 界外球战术

进攻时，应充分发挥集体力量，或两人配合（一掷一接），或多人配合（紧逼盯人），视情况从场上不同区域组织发动进攻。

防守时，应重点紧盯容易被进攻的区域，在人员分配上可以在重点区域多分派人手，同时兼顾其他区域。

足球战术体系内容丰富，青少年足球学练者应熟悉和掌握尽可能多的战术，如此才能在对抗或比赛中游刃有余。

总之，足球战术是一套有组织、有计划的足球活动，无论进攻还是防守，无论个人还是集体，都应始终保持良好的战术意识，在严格执行既定战术计划的基础上，时刻关注场上情况、积极跑动、灵活布局，只有这样才能不断创造机会，掌握比赛主动权。

足球战术类型与方法丰富，需要青少年在足球运动实践中反复练习、不断尝试，在足球实践中去发现问题、与同伴培养默契，只有这样才能真正提高足球战术实力。

温故知新

青少年热爱足球、参与足球，能够从足球运动中收获快乐、收获成长经验。

熟悉场上站位，了解足球战术阵型，是青少年足球学练者参与足球运动、提高实战战术实力的重要基础，不同战术阵型各有优缺点，能充分满足青少年实施不同战术的需求。

进攻或防守，都是足球场上的常态，掌握足球战术，需要青少年熟悉战术理论和战术方法，并真正运用到足球实践中去。

第六章

运动安全：守护追风少年

为了能第一个得到远处的足球，一大群青少年一哄而上。突然，那位离球最近的青少年停下了脚步，站在原地露出痛苦的表情。原来是突如其来的运动损伤让他不知所措。

　　如果你不关注运动安全，那么在足球训练或比赛中很容易遇到各种各样的伤病状况。因此，如果你特别珍惜参与足球运动的机会，那么你就要学会消除球场上的每一个安全隐患。

　　足球运动安全靠大家，但也靠自己，做一个健康的追风少年吧。

场地安全

各抒己见

对于一场球赛而言，比赛的成绩固然重要，但自身安全更为重要。不管时间多么紧迫，任务多么繁重，都有必要在比赛前认真检查一下足球场地是否存在安全问题。那么，你知道要如何检查场地是否安全吗？

检查场地设施是否安全

足球场地的设施主要有光线、地面、球门、围栏等。青少年在正式进行训练或比赛前要留意这些设施是否有安全问题。比如，场地的光线是否正常，是否会影响青少年的视线而引发碰撞等；地面是否有积水、结冰或石子等，会不会导致青少年在运动时跌倒、扎伤等；球

门是否有松动或变形等，场上球员会不会被坠落物体砸伤或因角度问题撞上等；围栏是否倾斜，有无悬挂危险物品如铁丝、刀片等，有没有引发砸伤或扎伤或划伤等的安全隐患。

规整的围栏

如果是室内足球场，还应该抬头看看屋顶或者悬挂在上空的物品是否有坠落的可能；检查一下室内的温度及通风是否适合足球运动，会不会让青少年中暑、感冒、呼吸不畅等。

⚽ 检查进场人员是否携带危险物品

青少年在进场时要先检查自己身上是否戴了可能影响肢体活动的

围巾、项链、戒指、手表等，检查口袋里是否装有如匕首、打火机等危险物品，以免发生意外。当然，也要留意身边的队友及对手身上是否有这类危险物品。

此外，青少年也要观察场地周围的观众及工作人员是否佩戴或携带了威胁大家安全的物品。如果发现有人带了不应该带的危险物品如汽油、爆竹等，必须马上向安保人员反映，及时消除安全隐患。

运动前的热身

各抒己见

> 热身可以让你在踢球时跑得更加顺畅，能保持良好的呼吸和技术动作，迅速进入足球运动的状态，充分发挥出自己的水平，从而获得好的成绩。因此，在足球运动之前，不管你的身心素质有多好，你都应该做好热身活动。那么，运动前要如何热身呢？接下来就来学习热身运动，让身体"热"起来。

在踢足球之前，充分的热身可以让你的肌肉逐渐升温，使你的血液循环速度加快，令你体内的供能进入良好的状态，改善你的肌肉收缩与放松的条件，进而使你的身体能更好地适应即将开启的足球运动。在运动之前，你可以尝试以下几种方式来热身。

⚽ 全身运动，进场就能跑起来

在踢足球之前，青少年可以通过慢跑和竞走的方式来做全身的热身。如果青少年能充分地慢跑、竞走，那么将会避免在接下来的足球运动中发生意外拉伤。

短时间慢跑和竞走是非常不错的全身热身方法，慢跑就是围绕着跑道以较慢的速度奔跑。竞走是以较快的速度行走，是一种可以活动全身关节的热身方式。慢跑或竞走 10 分钟左右，可以让身体从安静状态进入运动准备状态，并为接下来激烈的足球运动做好准备。

> 慢跑：双脚自然交替跑进，脚跟着地，头、臀、脚三点成一线，双臂前后自然摆动，慢跑10分钟，身体微微出汗即可。

> 竞走：两脚交替向前快速走，两肩、臀部始终在一条线上；走时脚后跟先着地，不可屈膝；后脚脚尖不可离开地面，避免身体腾空。竞走10分钟，身体微微出汗即可。

慢跑和竞走的动作方法

⚽ 颈部运动，自如躲闪球的撞击

球一旦被球员踢向空中就很容易砸到你的头部。当球即将砸到你的额头并且你已经来不及跑开时，你可以立即将颈部移向左侧或右侧，

成功躲过球的撞击，避免头颈受伤。

颈部拉伸：站直，身体放松；右手置于头部左侧，目视前方，靠手臂力量向右侧拉伸颈部，坚持10秒，然后轻轻低头，伸展颈部后侧；换另一只手重复以上动作。

颈部拉伸的动作方法

注意：不要含胸驼背；拉伸的过程中幅度不宜过大，以免损伤颈部；保持自然呼吸，避免造成头晕。

⚽ 肩部运动，成功拦截对手的争夺

简单的肩部运动可以让你的身体更加舒展，使你可以在跑的过程中快速地摆臂，在踢球之前，你可以尝试以下方法进行肩部拉伸。

肩部拉伸1：站直，两脚开立，与肩同宽；两肩放松，尽力上耸，保持10秒，还原，重复练习多次。

肩部拉伸2：站直，两脚开立，与肩同宽；右手臂伸直横过胸前向左侧伸展；左臂向上弯曲，扶住右臂靠近肩膀的位置，两臂呈十字形；换另一只手做相同的动作。

肩部拉伸的动作方法

注意：不要含胸驼背；开始的动作和力度要小，以免受伤。

🌑 腰部运动，游刃有余地带球

在足球运动之前，腰部得到充分拉伸，将会使你在球场上更好地伸展、扭转躯干，进而可以自如地带球奔跑。在上场之前，你可以尝试以下方法进行腰部拉伸。

腰部拉伸1：站直，两脚开立比肩稍宽，脚尖向前；躯干缓缓前屈，两手下垂到脚尖，坚持10秒；还原，反复练习多次。

腰部拉伸2：站直，两脚开立比肩稍宽，脚尖向前；上半身向左侧弯曲，用左手握住左脚脚踝，坚持10秒；换另一侧做相同动作，反复练习多次。

腰部拉伸的动作方法

注意：弯曲躯干时，腿部尽量伸直，使腰部与大腿肌肉有紧绷感；腰部拉伸幅度不可过大，以免造成肌肉损伤。

🙾 腿部运动，灵活地摆动你的双腿

因为足球运动主要是靠腿来完成的，所以在运动前做好腿部热身极为重要。做好腿部的热身运动除了能唤醒腿部肌肉的力量，还可以预防腿部发生损伤。腿部的热身运动有很多方式，大体可以分为两类：静态的腿部热身和动态的腿部热身。

静态腿部热身：

静态的腿部拉伸1：坐好，打开双腿；屈左膝使左脚跟接触右腿大腿内侧；下压右腿大腿外侧和左小腿；右腿伸直，用右手抓住右脚，慢慢向上反转踝关节。换另一侧做相同动作。

静态的腿部拉伸2：坐好，两脚脚底紧贴，膝盖用力外撑且靠近地面；两手抓住脚踝，坚持10秒，放松，重复练习多次。

静态腿部热身的动作方法

注意：拉伸前，腿部稍微活动一下，以免拉伸过度造成损伤。

动态腿部拉伸：

行进间高抬腿：身体正直，摆臂；左侧大腿向上、向前摆动至水平且稍带左髋向前，脚后跟接近臀部；抬腿时，右侧大腿伸直，脚掌着地，重心上提。换另一侧做相同动作。

> 弓步走：身体正直，两手叉腰；右腿呈跨步且屈膝90度，左腿伸直，呈弓步；坚持10秒，换左腿前跨，做相同动作；换腿的同时要向前方移动身体，实现弓步走的状态。

> 行进间正踢腿：目视前方，左腿直立，右腿伸直且向上猛踢；两臂自然触碰右腿小腿前部；换腿猛踢，同时身体向前移动，反复练习多次。

动态腿部拉伸的动作方法

注意：腿的动作不要过大，否则容易造成损伤；抬腿和跨步时，腿部会有轻微的疲劳感和拉伸感。

指点迷津

足球比赛前的热身要何时进行

尽管热身对于足球运动是极其重要的，但这不意味着越早热身就越有益于比赛。相反，如果青少年在比赛前一两个小时甚至更早就开始热身，那么不但对比赛毫无益处反而会加重身体的负担，造成体能的浪费。那么，青少年究竟要在足球比赛前多久进行热身最好呢？

通常，青少年在足球比赛开始前的20分钟进行热身就来得及。这20分钟的热身时间内，你可以先进行3分钟左右的关节

预热，然后慢跑或者竞走 10 分钟左右，最后完成 7 分钟左右的拉伸。经过这 20 分钟的充分热身，你身体的各个部位基本都能被激活。

如果你不知道自己经过一系列的热身是否能顺利开展比赛，那么可以观察自己此时的状态。比如，身体已经轻微出汗；体温明显升高；身体各个部位的肌肉都比之前松弛了许多；有轻微急促的呼吸等。有了这些表征，说明你这 20 分钟的热身是非常有效的。接下来，你就可以放心大胆地开始足球比赛了。

运动疲劳及恢复

各抒己见

一场比赛下来，你会不会总感到疲惫不堪？为了能更好地展示自己的能力，多为本队贡献出一份力量，每一个参与足球比赛的青少年都会竭尽全力。所以，经过几十分钟的紧张对决，青少年的身心都会有很大消耗。对于这些消耗，如果你置之不理，将会延缓身体机能恢复的速度，影响接下来的足球运动。那么，青少年要如何面对运动疲劳？怎样才能更好地缓解运动疲劳呢？

不可忽视的足球运动疲劳

当足球训练和比赛负荷超过了身体的承受能力，身体将产生暂时的生理机能减退现象，即运动性疲劳。

★ 足球运动疲劳是如何产生的

青少年在足球运动中会不可避免地进行间歇性、高强度的反复冲刺跑，快速、剧烈的拼抢以及频繁的换位，会使青少年消耗很多的体能。

从生理学的角度来说，青少年之所以会产生运动疲劳大体有以下几个原因：

营养物质的大量消耗，造成身体无力

缺水严重，引起体内环境紊乱

体温升高，减缓代谢速度

缺乏维生素和微量元素，代谢水平降低

生活与学习压力过大，情绪低落

青少年产生足球运动疲劳的原因

当青少年的身体出现上述一系列现象且没有得到及时调整时，体能就会发生紊乱，运动的能力会大大降低。

★ 青少年发生足球运动疲劳的感觉与表现

如果青少年无法断定自己当前的状态是否属于运动疲劳，不妨可以认真观察和体会自己的一些变化。一旦青少年产生了足球运动疲劳，其行为上会有一些变化。

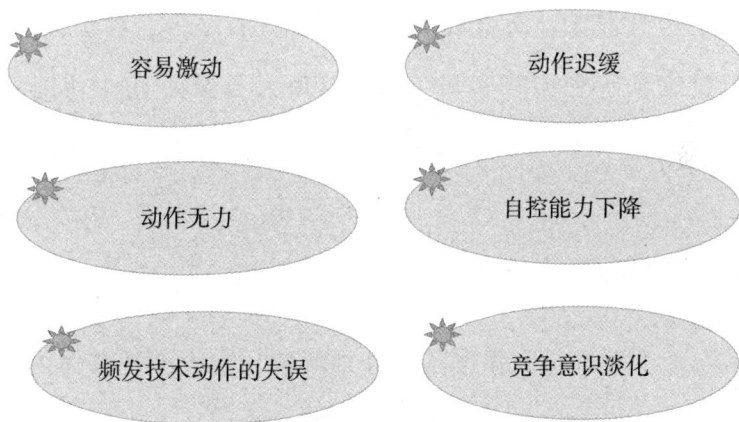

容易激动

动作迟缓

动作无力

自控能力下降

频发技术动作的失误

竞争意识淡化

青少年发生运动疲劳的感觉与表现

⚽ 正视足球运动疲劳，积极进行恢复

在高强度的足球训练或比赛中，青少年出现运动疲劳是在所难免的。不过，运动疲劳的症状是可以随着时间的推移而自然消失的。运动疲劳产生后，如果采取一些有效措施，将能加速身体机能的恢复，尽快消除疲劳，提升运动效率。

★ 补充睡眠

青少年要想消除足球运动疲劳，尽快恢复体力，可以采用补充睡眠的方式。青少年要想更好地提高训练水平和比赛成绩，也必须保证充足的睡眠。

在进入睡眠时，人的大脑皮层的兴奋过程会降低，体内分解代谢的水平达到最低，而合成代谢的能力就会增强，利于存储能量。在进行足球训练和比赛期间，青少年每天要保证10个小时左右的睡眠时间。

★ 营养恢复

因为青少年进行高强度的足球训练或比赛会消耗其体内大量的营养物质，进而引起疲劳，所以可以通过科学地补充一些营养物质来消除疲劳。足球运动中消耗的主要营养物质有糖（蜂蜜、大枣、面食、米饭等）、脂肪（坚果、烹调油、动物肉类等）、蛋白质（牛肉、鸡肉、鱼等），所以对这三种物质的补充一定要合理。足球运动营养物质的补充以60%～70%的糖、15%～25%的脂肪、15%～20%的蛋白质为宜。

另外，在高强度的足球运动中，青少年体内的各种维生素和矿物质（钙、磷、钾、钠、铁、锌、碘等）也会有很大的消耗，所以在运动期间也要注意这两类营养物质的补充。

高蛋白食物

富含维生素的食物：蔬菜（胡萝卜、菠菜、小白菜、油麦菜等）和水果（如苹果、橘子、猕猴桃、香蕉等）。

富含矿物质的食物：乳制品、豆类、蛋类、坚果、花菜、菠菜等。

富含维生素和矿物质的食物

清楚了哪些食物能补充体内所需的营养物质，青少年就可以通过调整饮食来促进疲劳恢复了。

需要注意的是，青少年在训练或比赛期间摄入的食物不可过多，一般一天所摄入的食物总重量不可超过3斤；还要保证食物的新鲜度，以免造成食物营养流失。

★ 拉伸或慢跑恢复

足球运动后也可以进行相应部位的拉伸或慢跑，可以促进疲劳恢复。比如，在足球运动结束后不要立即休息，而是简单做一做腿部的拉伸、腰部的拉伸或者慢跑10分钟等。经过对各个部位的拉伸，可以让紧张的肌肉得到放松，进而避免出现肌肉酸痛等问题。

足球运动后的拉伸

★ 物理恢复

在足球运动过程中，身体持续运动会产生大量乳酸，乳酸的大量堆积会造成肌肉僵硬，所以就会产生疲劳感。

如果青少年在足球运动后产生了明显的疲劳感，不妨尝试沐浴、按摩等手段促进恢复。

青少年可以通过淋浴的方式冲洗自己的身体，还可以按摩各个部位的肌肉，加速血液与淋巴循环，加快身体代谢废物的排除，进而消除疲劳。

★ 心理恢复

身体上的疲劳得到恢复后，心理也应该加以调整。毕竟，良好的心理状态才会让人更加享受足球运动。所以，青少年在高强度的足球训练或比赛后，可以在闲暇时光听听舒缓的音乐，看看喜欢的书，与好友聊聊天，让心情舒畅起来。

足球运动常见伤病处理

各抒己见

在足球场上，青少年与队友、对手发生碰撞、被球碰到或撞到球门，都可能造成身体的损伤。你在踢球的过程中遇到过运动性伤病吗？当遇到了运动性伤病时，你是如何做的呢？

熟悉伤病原因，有效规避风险

青少年足球运动损伤的原因主要有以下几个。

没热身或热身不充分

未穿戴或错误
穿戴护具

技术不规范或有犯规动作

身体疲劳

场地、气候不适合
足球运动

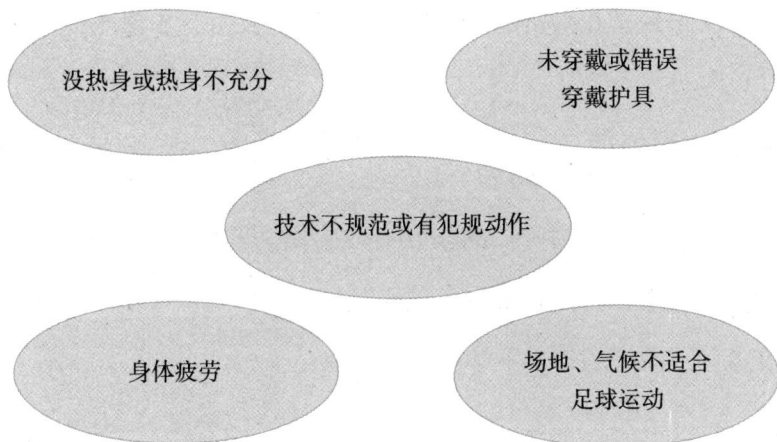

青少年足球运动损伤的原因

　　了解了青少年足球运动伤病发生的原因，就可以在一定程度上有效地规避这些病因。比如，在训练或比赛前，必须热身且做充分的热身，让身体各关节及肌肉做好准备；必要时，科学佩戴护具，保护好自己，以免遭到猛烈的碰撞而受伤；认真学练足球技术，技术动作要规范；严格尊重比赛规则，不要伤害他人；学会缓解身体疲劳，保持良好的运动状态；认真检查运动场地与气候是否适合运动，清理场上存在的障碍物，以免发生意外。

⚽ 科学处理伤病，早日重返球场

　　对于青少年来说，在足球运动中很容易发生如擦伤、挫伤、肌肉拉伤、韧带拉伤、扭伤、关节脱位、骨折、轻微脑震荡、肌肉痉挛、晕厥等伤病。其中，最容易发生的就是擦伤，其次是挫伤和扭伤。青

少年发生关节脱落、骨折的概率较小，但一旦发生就非常严重。

★ 擦伤的处理

在足球训练或比赛中，青少年有时会因为跌倒或球的撞击而发生皮肤擦伤。发生擦伤后，青少年先要对自己受伤的轻重程度进行判断，然后在老师或教练的指导下学习如何处理。

伤口较浅：暂停运动，涂抹一些红药水或紫药水；若有残留物，先用清水冲洗干净再涂抹药水。创面不可沾水、沾土，无需包扎；若残留物渗入皮肤，可用软刷清理。

伤口较深：暂停运动，先用生理盐水或双氧水清理残留物，再涂抹药水，接着消毒并用纱布包扎。同时，及时就医，由医务人员帮忙处理。

擦伤的处理方法

注意：如果伤口清洁不到位，很容易发生感染，所以必须在包扎前做好清洁工作；如果你不小心被球擦伤了面部，那么一定要找专业的医生帮忙处理，以免留下伤疤。

★ 挫伤的处理

在踢足球的过程中，青少年也特别容易因为受到外力冲击而产生闭合性软组织挫伤。当发生挫伤后，青少年也要根据自己的伤势来询问老师或教练的建议积极处理。

> 轻度挫伤：停止运动，受伤24小时内，抬高患处、局部冷敷，再进行加压包扎。
> 重度挫伤：停止运动，立即就医。

挫伤的处理方法

注意：发生挫伤后的 72 小时内，你可以通过冷敷来止血镇痛，每天可以敷 3 次，每次 10 分钟；千万不可热敷挫伤部位，否则会使血管扩张，加重出血。

★ 肌肉和韧带拉伤的处理

不少青少年会因为热身不充分，在足球运动中做突然性的快速动作时，因为肌肉和韧带被过度牵拉而造成拉伤。发生肌肉和韧带拉伤后，青少年一定要引起重视，不可轻易移动。如果青少年有处理拉伤的经验，可以一边做简单的急救一边拨打 120 寻求医生的帮助。

轻度拉伤：停止运动，局部冷敷。

重度拉伤：停止运动，就地包扎固定，前往医院做进一步的治疗。

韧带拉伤的处理方法

注意：如果踢球时用力过大发生了严重的肌肉拉伤，那么必须停止训练或比赛，卧床休息，将患肢抬高，然后接受专业的治疗；千万不要自行对伤处进行按摩，否则可能会加重损伤程度，甚至造成皮下出血。

★ 扭伤的处理

青少年在足球场上经常会由于场地湿滑、技术错误、对方犯规等原因引发关节扭伤，如膝关节扭伤、踝关节扭伤等。一旦发生扭伤就意味着伤情比较严重了，此时最好能及时就医处理。

轻度扭伤：停止运动，抬高扭伤部位，冷敷。

重度扭伤：停止运动，立即就医。

扭伤的处理方法

注意：扭伤发生之后，如果在足球场附近能找到如木板、夹板等材料，最好让同伴或教练帮忙固定伤处，以避免在之后就医途中因为大幅度的移动造成更严重的损伤。

★ 关节脱位和骨折的处理

虽然青少年在踢足球的过程中发生关节脱位和骨折的概率很小，但也应该了解一些应急处理方法，以防万一。

如果青少年不确定自己是否发生了关节脱位和骨折，可以根据一些典型的症状来判断。比如，关节处剧痛，无法正常活动，并且出现明显错位。

关节脱位：禁止移动脱臼部位；向老师或教练寻求帮助，对伤处进行固定；立即前往医院。

关节骨折：禁止移动骨折部位；若有出血，要先清理伤口并包扎伤口；请有经验的老师或教练帮忙固定患肢；立即前往医院。

关节脱位与骨折的处理方法

注意：如果不小心摔倒造成腰部骨折，那么一定要躺在原地保持

不动，以免造成移位甚至脊髓的损伤。同时立即向周围人寻求帮助，呼救 120，由专业医生将你搬运至医院进行检查和治疗。

★ 肌肉痉挛的处理

肌肉痉挛也就是我们常说的"抽筋"，指肌肉突然、不自主的强直收缩，造成肌肉僵硬、疼痛难忍、活动受限。青少年在踢足球的过程中很容易出现肌肉痉挛。

轻度痉挛：休息，局部按摩；做反方向的牵引；热敷。
重度痉挛：肌肉一直疼痛难忍，并伴有发热、四肢抽搐等症状，必须立即就医。

肌肉痉挛的处理方法

注意：在踢球过程中突然发生肌肉痉挛可能是因为此时身体太过疲劳，需要休息一会；或者是因为身体受寒，要注意保暖；抑或是缺水，需要补充水分。经过一段时间的调整后，如果还是会经常发生肌肉痉挛，可能是身体缺钙，需要调整饮食习惯，多吃含钙量高的食物并服用钙片，还要多晒太阳促进钙吸收。

⚽ 温故知新

不少青少年之所以选择足球运动可能就是为了锻炼身体，让自己强壮起来。如果在足球运动中不守护好自己的安全，那就与运动初衷背道而驰了，所以千万不要忽视安全问题。

在参与足球训练或比赛前，青少年首先要对足球场地进行检查，看是否存在安全隐患，预防安全事故的发生。另外，青少年还要重视运动前的热身，让自己的机体尽快适应球场上的节奏，以免发生损伤。

青少年还要懂得应对运动疲劳和常见伤病，知道如何缓解疲劳和处理伤病，知道及时寻求老师、教练及医护人员的帮助。青少年只有关注运动安全才能顺利地参与足球运动，进而获得良好的成绩。

参考文献
REFERENCE

[1]　北京医师跑团 . 你真的会跑步吗 [M]. 北京：现代出版社，2018.

[2]　陈新生 . 健身私人教练编写组 . 足球快速入门 [M]. 北京：化学工业出版社，2016.

[3]　党西平 . 足球 [M]. 北京：化学工业出版社，2012.

[4]　读书堂 . 足球明星的故事 [M]. 北京：北京读书堂国际文化发展有限公司，2015.

[5]　读书堂 . 新世纪接班人素质培养：培养足球素质 [M]. 北京：北京读书堂国际文化发展有限公司，2015.

[6]　杜文达，刘红伟，王萌 . 看图学踢足球 [M]. 北京：人民邮电出版社，2015.

[7]　黄竹杭，王方 . 足球训练设计 [M]. 北京：高等教育出版社，2010.

[8]　李慕楠，秦赟 . 足球运动竞赛与裁判 [M]. 沈阳：辽海出版社，2013.

[9]　林路 . 跑步者说 [M]. 北京：当代世界出版社，2016.

[10] 罗炜樑.科学跑步：跑步损伤的预防与康复指南 [M].北京：清华大学出版社，2019.

[11] 苗霖.足球规则与战术完全图解 [M].北京：人民邮电出版社，2018.

[12] 名师出高图.足球入门到精通 [M].北京：化学工业出版社，2016.

[13] [美]乔·A·勒克斯巴切尔著，马新东译.足球技战术实战从入门到精通（第4版修订版）[M].北京：人民邮电出版社，2016.

[14] 谭廷信.少年足球教学与训练 [M].北京：人民邮电出版社，2017.

[15] 王崇喜.球类运动——足球 [M].北京：高等教育出版社，2005.

[16] 熊必刚.现代足球阵型演变研究 [D].成都：四川师范大学，2012.

[17] 张力等.足球快速入门全程图解 [M].北京：化学工业出版社，2015.

[18] 朱宏庆.足球技战术分级教学研究 [M].济南：山东大学出版社，2010.

[19] 艾克拜尔·阿布力孜.探讨高校足球训练中对运动员心理素质的培养 [J].体育风尚，2021，（3）：54-55.

[20] 陈富强.足球运动员专项体能训练方法探析 [J].文体用品与科技，2021，（13）：60-61.

[21] 党存财.足球运动疲劳与恢复 [J].湖北体育科技，2009，（2）：195-196+223.

[22] 董健.青少年足球运动员体能训练方法与手段研究 [J].冰雪体育创新研究，2021，（17）：144-145.

[23] 董英明，赵庆辉.大学生足球运动员运动疲劳的产生与恢复 [J] 文学教育，2012，（4）：58.

[24] 樊建峰，张金鹏，蒋健保.心理训练在青少年足球运动员训练中的应用 [J].当代体育科技，2020，（24）：60-62.

[25] 高成君.略述足球的起源及其发展 [J].体育世界，2017，（8）：48-49.

[26] 葛爽.关于足球鞋选用的分析 [J].体育科技文献通报，2020，（5）：159-161.

[27] 郭威，庞佳乐.高校足球训练中体能训练的内容与方法 [J].田径，2021，（7）：35-36.

[28] 郝纲.足球游戏在青少年足球教学中的渗透 [J].当代体育科技，2019，（21）：104-106.

[29] 姜磊.高中足球选项教学中的体能训练 [J].拳击与格斗，2021，（11）：84-85.

[30] 李斌.沙滩足球进校园的可行性及策略分析 [J].好家长，2021，（25）：25-26.

[31] 李澄波.沙滩足球：光脚不怕穿鞋的 [J].文体用品与科技，2013，（9）：50.

[32] 李加刚 . 足球运动的起源发展及其魅力 [J]. 山海经，2015，（14）：31-32.

[33] 李立飞 . 足球运动员体能训练方法与手段分析 [J]. 文体用品与科技，2021，（19）：61-62.

[34] 刘思润 . 足球游戏在青少年足球教学中的应用研究 [J]. 当代体育科技，2018，（23）：161-163+165.

[35] 卢守捷 . 校园足球推进策略研究 [J]. 文体用品与科技，2021，（22）：161-162.

[36] 马宁 . 足球运动员的疲劳恢复与运动营养 [J]. 智能信息技术应用学会，2017，281-285.

[37] 倪宏竹，宋正华 . 我国三人制足球的现状及发展前景分析 [J]. 体育科技文献通报，2008，（6）：30-31+37.

[38] 秦军 . 关于中国足球现状与发展的思考 [J]. 科学大众，2007，（10）：151.

[39] 史桂兵 . 农村小学足球的体能训练策略 [J]. 教育界，2021，（40）：47-48.

[40] 司业武 . 中学生足球运动员体能训练方法 [J]. 体育风尚，2021，（8）：41-42.

[41] 汤硕 . 浅论足球在英国的起源及其演变 [J]. 菏泽学院学报，2018，（2）：87-91.

[42] 唐笑赟 . 足球运动中运动性疲劳与恢复的分析 [J]. 科技信息，2012，（31）：254+239.

[43] 王琦.浅析沙滩足球运动的主要特点与价值 [J].文体用品与科技，2014，（4）：143.

[44] 王树振.世界杯时话足球：现代足球运动的起源 [J].世界文化，2018，（7）：4-9.

[45] 王勇.有趣的足球小游戏 [J].中国学校体育，2019，（3）：88.

[46] 邢颖.浅析运动性疲劳在足球运动中出现的原因及预防 [J].体育科技文献通报，2014，（9）：122-123.

[47] 徐世刚.足球运动员的运动疲劳与体能恢复研究 [J].青少年体育，2019，（12）：43-44.

[48] 杨军.探析足球运动员体能训练方法与手段 [J].体育风尚，2020，（11）：70-71.

[49] 杨兰生.我国足球运动发展的思考 [J].西北师范大学学报，2003，（1）：85-87.

[50] 杨日旭.浅谈大学生足球运动员的疲劳及消除的方法 [J].体育师友，2008，（3）：69-70.

[51] 杨显彪.青少年足球运动员专项体能训练研究 [J].体育风尚，2020，（12）：27-28.

[52] 银洁，刘莉，孟瑛，童千千.高校校务工作供给侧改革推动"双一流"建设研究 [J].青年与社会，2019，（27）：137-138.

[53] 张国君.足球运动员的运动疲劳产生与恢复 [J].继续教育研究，2002，（6）：100-106.

[54] 张梓正，刘铭扬 . 三人制足球对 6～8 岁少儿足球兴趣养成影响的研究 [J]. 当代体育科技，2021，（10）：245-247.

[55] 赵焱 . 沙滩足球从巴西走向世界 [J]. 金秋，2018，（4）：25-26.

[56] 朱思颖 . 足球运动员体能训练方法 [J]. 拳击与格斗，2021，（1）：100-101.